Samuel Cameroun

Eglises Apostasiées : Quels sont les autres signes de la Bête?

AF535654

Samuel Cameroun

Eglises Apostasiées : Quels sont les autres signes de la Bête?

Éditions Croix du Salut

Imprint

Any brand names and product names mentioned in this book are subject to trademark, brand or patent protection and are trademarks or registered trademarks of their respective holders. The use of brand names, product names, common names, trade names, product descriptions etc. even without a particular marking in this work is in no way to be construed to mean that such names may be regarded as unrestricted in respect of trademark and brand protection legislation and could thus be used by anyone.

Cover image: www.ingimage.com

Publisher:
Éditions Croix du Salut
is a trademark of
International Book Market Service Ltd., member of OmniScriptum Publishing Group
17 Meldrum Street, Beau Bassin 71504, Mauritius

Printed at: see last page
ISBN: 978-613-7-37165-7

Copyright © Samuel Cameroun
Copyright © 2020 International Book Market Service Ltd., member of OmniScriptum Publishing Group

Neuvième Etude Biblique / 27

QUELS SONT LES AUTRES SIGNES DE LA BETE ?

Apocalypse 13

Le Nouvel Ordre Mondial : " NOM "

PROLOGUE SUR LA...

Collection de la série chrétienne :

" QUE CELUI QUI LIT FASSE ATTENTION ! "

(Mathieu 24 : 15)

Au cours de notre marche spirituelle, nous aborderons les fondamentaux de la saine doctrine chrétienne qui en est la colonne et l'appui de la vérité. D'après l'apôtre Paul encourageant son fidèle compagnon dans 1 Timothée 3 : 14 – 15 il lui écrit : « *Je t'écris ces choses, avec l'espérance d'aller bientôt vers toi, mais afin que tu saches, si je tarde, comment il faut se conduire dans la maison de Dieu, qui est l'Église du Dieu vivant, la colonne et l'appui de la vérité* ». A la suite de l'apôtre Paul, les études de cette série, coupleront tout au long, les thèmes de la doctrine biblique à ceux de la prophétie, car Jésus-Christ exhortant fraternellement l'Eglise qui en est " Membre de son Corps " est toujours présent aux côtés des siens. Pour cela, les enseignements de la présente collection s'appuieront essentiellement sur les livres conjoints de la Révélation (Apocalypse), juxtaposé à celui de Daniel, pour confirmer cette bonne nouvelle du message de l'évangile. Puisque, arrivés à la fin des siècles, la doctrine évangélique, les dix commandements de Moïse et la prophétie ont été recommandés précieusement aux chrétiens authentiques, pour leur servir de boussole dans l'obscurité des ténèbres du mal. Ceci en raison de l'esprit d'égarement qui a conduit à l'apostasie doctrinaire, désormais rendue très populaire, parmi toutes ces communautés de prétention chrétienne que la Bible nomme de « *Babylone La Grande La Mère des Impudiques* ! » Apocalypse 17 : 5.

Aussi, devons-nous chercher Dieu avec toutes nos forces, nous qui sommes la génération parvenue au terminal de l'histoire de ce monde destiné à sa ruine imminente et éternelle! C'est Jésus seul, qui en a déterminé les conditions de salut pour quiconque veut sincèrement échapper en sortant de ce monde d'impies. Car il le déclare solennellement : « *personne ne peut venir à lui si le Père ne l'attire...* » Cependant une fois venue au Seigneur, sachons également que Jésus ajoute : « *nul ne peut aller à Dieu sans passer par Lui (Jésus)* ». Finalement quel est le but de notre marche chrétienne ? Et qu'est-ce que l'Eglise du Christ ? Peut-elle être une organisation dénominationnelle ? – Les Assemblées chrétiennes doivent-elles dépendre d'une quelconque agence gouvernementale pour prouver qu'elles sont l'Eglise de Christ ?

Alors que les vrais chrétiens s'apprêtent à faire face à la pire persécution de l'histoire sainte, par le « *666* » qui conditionnera bientôt tout Homme, - Nos finances à l'exemple des dimes doivent-elles être engagées pour nous gagner le ciel ? - Le Christ est-il encore présent dans ces dénominations appelées Eglises ? - Qui devrait être à la tête de l'Eglise du Christ ? - Comment se construisent actuellement les communautés chrétiennes sous le seul Berger, Jésus-Christ ? – L'Eglise de Christ en a-t-elle de responsables visibles ? - Cette Eglise de Christ peut-elle entretenir la corruption ? Peut-elle tant soi peu compromettre notre salut par quelques doctrines non scripturaires ? Quelle Eglise en effet aujourd'hui, est parfaitement en conformité avec la sainte volonté de Christ révélée dans la Bible ?

Pour toutes ces interrogations et tant d'autres qu'on en oublie certainement, la collection *"Que celui qui lit, fasse attention"*, propose exclusivement des réponses bibliques simples et assez complètes suivant chaque thématique abordée. Les réponses à ces questions ci-dessus en énoncé disons-le, ne seront données qu'aux cœurs humbles, voilà pourquoi la présente série chrétiennes *"Que celui qui lise fasse attention "*, est une suite de messages vivants. Ils ont été conçus en tenant compte des besoins spirituels de notre génération, surtout des prophéties dont la Bible, par la révélation et l'enseignement doctrinaire de Christ, des apôtres et des prophètes d'autrefois, nous invite à scruter jour et nuit sans relâche dans une vie de prière, leur accomplissement, afin de nous donner la force de paraitre debout devant le Fils de Dieu, au dernier jour. Voici la promesse de Christ à son Eglise *« A celui qui vaincra, et qui gardera jusqu'à la fin mes œuvres, je donnerai autorité sur les nations. » Apocalypse 2 : 26*

NB: Sauf indication contraire, les références bibliques citées en études, sont tirées de la version des saintes écritures (Louis Second). Et pour chaque thème, vous pouvez consulter le sommaire en page **59** et **65**. Par l'indication ordinale (question-réponse), toute réaction particulière, pourrait susciter un accompagnement biblique personnalisé et/ou communautaire, tant soit peu, que vous vous manifestiez sur notre site internet, par appel téléphonique WhatsApp ou sur notre adresse électronique marquée au bas de chaque page.

L'Eglise vous présente ainsi une série de *« 27 études bibliques »*, complétant autant de messages vidéos, audio, en version électronique téléchargeable sur le site internet *wwwchrétiens-église.org*. Tout ceci pour un égal nombre de livrets, à offrir progressivement, selon que le Seigneur Yahwéh Dieu, y pourvoira avec miséricorde et grâce en Jésus-Christ !

L'ensemble de cette collection est gratuitement offert, afin de respecter l'esprit de Christ qui nous a recommandé d'en faire don, puisque nous l'avons reçu gratuitement :

ALORS IL N'APPARTIENT A PERSONNE DE VENDRE CETTE PAROLE DE DIEU !

Mais au préalable, nous vous invitons à recevoir la lettre de l'Auteur écrite pour vous les lecteurs. Cette lettre pourrait vous servir de feuille de route et de guide pédagogique. Cependant il n'est jamais chrétien de croire que notre Seigneur agira identiquement dans tous les cas, au cours de votre croissance spirituelle, ou du ministère pastoral d'évangélisation à travers vous. C'est pour cette raison qu'une fois de plus, nous vous invitons à demeurer attentif à sa voix spirituelle, au travers du canal infaillible que représente pour quiconque, la lecture assidue de sa parole, la Bible.

LETTRE D'ENCOURAGEMENT DE L'AUTEUR, POUR VOUS !

Frères et sœurs, que la paix de Dieu qui surpasse toute intelligence, garde vos pensées en Jésus-Christ ! ».

Soyez la bienvenue, en empruntant avec l'Eglise, la petite voie très resserrée qui mène dans l'éternité, et dont seul Le Fils de Dieu, en est Le Guide et Le Souverain Berger…

Avant toute chose, nous vous conseillerons durant votre étude biblique, d'être critiques du sens des doctrines que ces saintes lettres aborderont. En cela, vous serez entrain de suivre les recommandations des Apôtres selon Actes 17 : 11. *« Ces Juifs avaient des sentiments plus nobles que ceux de Thessalonique ; ils reçurent la parole avec beaucoup d'empressement, et ils examinaient chaque jour les Écritures, pour voir si ce qu'on leur disait était exact. »*

Durant votre croissance chrétienne, lisez régulièrement votre Bible. Ecoutez le Saint-Esprit. Partagez cette richesse avec d'autres. Soyez généreux, surtout envers votre entourage. Sachez encourager des initiatives d'étude communautaire. Eprouvez ceux qui par esprit de vaine critique, vous taxeront de sectaire. Luttez sans vous laissez distraire par les ennemis de vos âmes. Simplifiez-vous la vie chrétienne. Assistez les démunies de votre voisinage, à commencer par les membres de votre famille. Impliquez-vous dans des campagnes d'évangélisation publique. Exploitez tous les créneaux de communication, et rependez la bonne nouvelle comme des semeurs de Vie !

N'ignorez personne dans vos prières. Appelez la faveur de Yahwéh Dieu sur ceux qui vous écoutent, mais également sur ceux qui vous résisteront. « N'ayez aucun ennemi…, vivez en paix avec tous…, et soyez en parfait harmonie… », Avec l'ensemble de l'Eglise locale de Christ dans le pays, la ville ou le quartier de vote résidence.

Frères et sœurs, « fuyez le péché » et « soyez saint » car « notre Dieu est Saint. » Et par reconnaissance à Dieu de vous avoir sauvé et envoyé, « chantez-Lui sans cesse des cantiques spirituels sous l'inspiration de son Esprit. »

Comme vous avez « reçu gratuitement », veuillez à ne pas briser cette chaine de solidarité ! Avec de nouveaux disciples, commencez par présentez l'évangile, puis abordez des thèmes doctrinaux en fonction de votre auditoire et de leurs besoins spirituels. Vous pourrez choisir les thèmes qui vous conviennent à vous, en obéissant à la voix du Saint-Esprit. Et comme « l'eunuque Ethiopien » sachez que Christ les rejoindra sur la route quand vous vous mettrez en peine de le leur enseigner, surtout à la jeunesse. Donnez-vous à vos Frères chrétiens « comme une offrande à Dieu », car « la moisson est abondante mais les ouvriers sont peu nombreux. » Aussi, rappelez-vous de la promesse de Christ dans la parabole des « ouvriers de la dernière heure »

Ainsi « notre joie sera parfaite » de vous savoir en route pour la céleste patrie, étant enfants de Dieu et serviteurs du Christ, si vous avez appris qu'il n'y a « pas de plus grand amour, que de donner sa vie pour ceux qu'on aime ». De même « qu'il y a plus de joie à donner qu'à recevoir »

Enfin, soyez heureux, en attendant notre Sauveur Jésus, qui « n'oubliera pas votre participation à la propagation de l'évangile et du message de la vérité ». N'ayez de crainte, que de Dieu Lui Seul. Et puis, très vite faite nous part de votre témoignage : des dons que le Saint-Esprit vous aura gratifié, en vue de parfaire le corps du Christ. « Soyez bénie en tout point de vue ! »

*Alors, « **BIEN AIMES** », recevez ces études bibliques comme un présent du Seigneur Jésus, transmis par le ministère d'évangélisation depuis son Eglise du Cameroun, par votre dévoué serviteur et modeste frère d'Afrique, qui tient à vous rappeler que Yahwéh Dieu, par son Fils Jésus-Christ, vous aime d'un Amour Eternel. Croyez de même à notre dévouée affection fraternelle, par les arrhes du Saint Esprit. Amen !*

NB: *En fin d'étude biblique, à la (**Page 67**) de ce titre, vous trouverez les différents thèmes proposés dans la collection d'étude Biblique " Que celui qui lit fasse attention". Nous rappelons aux lecteurs que cette série d'étude biblique chrétienne est disponible gratuitement pour votre édification au site www.chrétiens-église.org*

SAMUEL CAMEROUN, Apôtre du SEIGNEUR JESUS-CHRIST.

camerounsamuel@gmail.com *Tel + 237 690600469 ou + 237 679647767*

Texte à Méditer

Apocalypse 18 : 1 - 24

L'ANGE PUISSANT ET GLORIEUX / LE JUGEMENT DE BABYLONE

Après cela, je vis descendre du ciel un autre ange, qui avait une grande autorité ; et la terre fut éclairée de sa gloire. Il cria d'une voix forte, disant : Elle est tombée, elle est tombée, Babylone la grande ! Elle est devenue une habitation de démons, un repaire de tout esprit impur, un repaire de tout oiseau impur et odieux, parce que toutes les nations ont bu du vin de la fureur de son impudicité, et que les rois de la terre se sont livrés avec elle à l'impudicité, et que les marchands de la terre se sont enrichis par la puissance de son luxe. Et j'entendis du ciel une autre voix qui disait : Sortez du milieu d'elle, mon peuple, afin que vous ne participiez point à ses péchés, et que vous n'ayez point de part à ses fléaux. Car ses péchés se sont accumulés jusqu'au ciel, et Dieu s'est souvenu de ses iniquités. Payez-la comme elle a payé, et rendez-lui au double selon ses œuvres. Dans la coupe où elle a versé, versez-lui au double. Autant elle s'est glorifiée et plongée dans le luxe, autant donnez-lui de tourment et de deuil. Parce qu'elle dit en son cœur : Je suis assise en reine, je ne suis point veuve, et je ne verrai point de deuil ! A cause de cela, en un même jour, ses fléaux arriveront, la mort, le deuil et la famine, et elle sera consumée par le feu. Car il est puissant, le Seigneur Dieu qui l'a jugée. Et tous les rois de la terre, qui se sont livrés avec elle à l'impudicité et au luxe, pleureront et se lamenteront à cause d'elle, quand ils verront la fumée de son embrasement. Se tenant éloignés, dans la crainte de son tourment, ils diront : Malheur ! Malheur ! La grande ville, Babylone, la ville puissante ! En une seule heure est venu ton jugement ! Et les marchands de la terre pleurent et sont dans le deuil à cause d'elle, parce que personne n'achète plus leur cargaison, cargaison d'or, d'argent, de pierres précieuses, de perles, de fin lin, de pourpre, de soie, d'écarlate, de toute espèce de bois de senteur, de toute espèce d'objets d'ivoire, de toute espèce d'objets en bois très précieux, en airain, en fer et en marbre, de cinnamome, d'aromates, de parfums, de myrrhe, d'encens, de vin, d'huile, de fine farine, de blé, de bœufs, de brebis, de chevaux, de chars, de corps et d'âmes d'hommes. Les fruits que désirait ton âme sont allés loin de toi ; et toutes les choses délicates et magnifiques sont perdues pour toi, et tu ne les retrouveras plus. Les marchands de ces choses, qui se sont enrichis par elle, se tiendront éloignés, dans la crainte de son tourment ; ils pleureront et seront dans le deuil, et diront : Malheur ! Malheur ! La grande ville, qui était vêtue de fin lin, de pourpre et d'écarlate, et parée d'or, de pierres précieuses et de perles ! En une seule heure tant de richesses ont été détruites ! Et tous les pilotes, tous ceux qui naviguent vers ce lieu, les marins, et tous ceux qui exploitent la mer, se tenaient éloignés, et ils s'écriaient, en voyant la fumée de son embrasement : Quelle ville était semblable à la grande ville ? Ils jetaient de la poussière sur leurs têtes, ils pleuraient et ils étaient dans le deuil, ils criaient et disaient : Malheur ! Malheur ! La grande ville, où se sont enrichis par son opulence tous ceux qui ont des navires sur la mer, en une seule heure elle a été détruite ! Ciel, réjouis-toi sur elle ! Et vous, les saints, les apôtres, et les prophètes, réjouissez-vous aussi ! Car Dieu vous a fait justice en la jugeant. Alors un ange puissant prit une pierre semblable à une grande meule, et il la jeta dans la mer, en disant : Ainsi sera précipitée avec violence Babylone, la grande ville, et elle ne sera plus trouvée. Et l'on n'entendra plus chez toi les sons des joueurs de harpe, des musiciens, des joueurs de flûte et des joueurs de trompette, on ne trouvera plus chez toi aucun artisan d'un métier quelconque, on n'entendra plus chez toi le bruit de la meule, la lumière de la lampe ne brillera plus chez toi, et la voix de l'époux et de l'épouse ne sera plus entendue chez toi, parce que tes marchands étaient les grands de la terre, parce que toutes les nations ont été séduites par tes enchantements, et parce qu'on a trouvé chez elle le sang des prophètes et des saints et de tous ceux qui ont été égorgés sur la terre. »

INTRODUCTION

Malachie 1 : 7, 12 « Vous offrez sur mon autel des aliments impurs, Et vous dites : En quoi t'avons-nous profané ? C'est en disant : La table de l'Éternel est méprisable ! Mais vous, vous le profanez, En disant : La table de l'Éternel est souillée, Et ce qu'elle rapporte est un aliment méprisable. »

Comment comprendre, que les groupes sectaires ont développé l'argumentaire biblique importé des doctrines hindouistes et magico religieuses au sein des cercles ésotériques, entrainant du coup la mondanité dans ces Eglises, en ignorance totale des avertissements de Dieu ! *Apocalypse 2 : 13 - 16 « Je sais où tu demeures, je sais que là est le trône de* ***Satan****. Tu retiens mon nom, et tu n'as pas renié ma foi, même aux jours d'Antipas, mon témoin fidèle, qui a été mis à mort chez vous, là où* ***Satan a sa demeure****. Mais j'ai quelque chose contre toi, c'est que tu as là des gens attachés à la doctrine de Balaam, qui enseignait à Balak à mettre une pierre d'achoppement devant les fils d'Israël, pour qu'ils mangeassent des viandes sacrifiées aux idoles et qu'ils se livrassent à l'impudicité. De même, toi aussi, tu as des gens attachés pareillement à la doctrine des Nicolaïtes. Repens-toi donc ; sinon, je viendrai à toi bientôt, et je les combattrai avec l'épée de ma bouche. »*

LE VATICAN A LA TETE DES INSTITUTIONS MONDIALES
Un exemple : " LA BANQUE SUISSE "

Quelle est le sens originel de la garde vaticane, qui est constituée d'une horde de garde " Suisse " ? Les Chefs de l'Eglise catholiques ont leur image faciale sur leur monnaie appelée les "Emékis". Il est connu de tous, que l'Eglise du VATICAN est la seule Eglise au monde qui émet et possède sa propre monnaie appelés "Emékis". Elle est dotée d'une unité de protection policière, en l'occurrence la garde Suisse. Elle a ainsi des représentations diplomatiques dans tous les pays du monde, et coopère avec toutes les institutions internationales et mondiales et la quasi-totalité des chancelleries, y compris islamiques via ses ambassadeurs, " les Nonces Apostoliques ". C'est aussi dans la ville de Rome qu'est abrité le siège de l'unité ésotérique et militaire de l'Ordre de MALTE. Une unité destinée à conduire les missions du HCR et des casques bleus. C'est dans la ville italienne de Rome qu'est également abrité le siège mondial du Programme Alimentaire Mondiale (PAM). Il faut également se rappeler que les accords qui consacrent la création et l'existence de l'Union Européenne ont vu le jour à Rome. Toutes les agences onusiennes et les organismes supranationaux sont d'origine humaine, terrestre et non divine.

Dans le livre prophétique de *Daniel 2 : 34 – 35*, Dieu décrit tous les mouvements qui allaient concourir à établir ces mariages d'entité diabolique **!** *« Tu regardais, lorsqu'une pierre se détacha sans le secours d'aucune main, frappa les pieds de fer et d'argile de la statue, et les mit en pièces. Alors le fer, l'argile, l'airain, l'argent et l'or, furent brisés ensemble, et devinrent comme la balle qui s'échappe d'une aire en été ; le vent les emporta, et nulle trace n'en fut retrouvée. Mais la pierre qui avait frappé la statue devint une grande montagne, et remplit toute la terre. »* Mais la Bible déclare que ces alliances humaines sont déjà vaincues, grâce à Jésus qui est représenté ici par *« la petite pierre »*. Les chefs militaires et gouvernements le savent bien. Qu'elle soit à la tête de la banque Suisse et des institutions bancaires internationales, alors on le lui concède. Mais que l'Eglise Catholique, se serve de la parole de Dieu en prétexte pour atteindre ses objectifs expansionnistes à travers la terre, devrait interpeller toute personne à y prêter plus d'attention sur ses réelles motivations. Nous savons d'avantage qu'elle possède les meilleures universités dans le monde, les hôpitaux de références, des filiales internationales dans le mobilier et l'immobilier, sans oublier son hégémonie sur la scène diplomatique et militaro-politique. Les exemples qui font références pour exprimer son pouvoir, sont : la création des Nations Unies et la conduite de ses affaires aux côtés des gouvernements indépendants. Un des axes majeurs de la politique de ce minuscule Etat, le plus petits d'entre tous d'ailleurs, c'est la naissance de l'union Européenne dont le traité vit le jour à Rome au Vatican !

Mais alors, comment pouvons-nous accepter, que ce soit de cette Eglise-là, qui regorge autant de richesses et de pouvoir terrestre, qu'elle puisse en même temps, prétendre à la représentation de l'Eglise de JESUS **!** Quand on sait que Le Christ a dit : « *Mon royaume n'est pas de ce monde* » Puisque la Bible fait la narration d'un épisode qui met en lumière le rapport de Jésus à l'argent, et les origines de son pouvoir : Luc 20 : 19 « *Les principaux sacrificateurs et les scribes cherchèrent à mettre la main sur lui à l'heure même, mais ils craignirent le peuple. Ils avaient compris que c'était pour eux que Jésus avait dit cette parabole. Ils se mirent à observer Jésus ; et ils envoyèrent des gens qui feignaient d'être justes, pour lui tendre des pièges et saisir de lui quelque parole, afin de le livrer au magistrat et à l'autorité du gouverneur. Ces gens lui posèrent cette question : Maître, nous savons que tu parles et enseignes droitement, et que tu ne regardes pas à l'apparence, mais que tu enseignes la voie de Dieu selon la vérité. Nous est-il permis, ou non, de payer le tribut à César ? Jésus, apercevant leur ruse, leur répondit : Montrez-moi un denier. De qui porte-t-il l'effigie et l'inscription ? De César, répondirent-ils. Alors il leur dit : Rendez donc à César ce qui est à César, et à Dieu ce qui est à Dieu. Ils ne purent rien reprendre dans ses paroles devant le peuple ; mais, étonnés de sa réponse, ils gardèrent le silence.* »

1. **Au regard de l'attrait immense envers l'argent, que peut-on penser des chefs de l'Eglise catholique, de leur position si nous la comparons à celle de Jésus ?** Mathieu 6 : 24

« *Nul ne peut servir deux maîtres. Car, ou il haïra l'un, et aimera l'autre ; ou il s'attachera à l'un, et méprisera l'autre. Vous ne pouvez servir Dieu et Mammon.* »

2. **Les Chefs de l'Eglise Catholique, dans leurs postures de serviteurs, sont-ils voués à Dieu, ou au Monde ?** Mathieu 6 : 24

« *Ne vous amassez pas des trésors sur la terre, où la teigne et la rouille détruisent, et où les voleurs percent et dérobent ; mais amassez-vous des trésors dans le ciel, où la teigne et la rouille ne détruisent point, et où les voleurs ne percent ni ne dérobent. Car là où est ton trésor, là aussi sera ton cœur. (…) Nul ne peut servir deux maîtres. Car, ou il haïra l'un, et aimera l'autre ; ou il s'attachera à l'un, et méprisera l'autre. Vous ne pouvez servir Dieu et Mammon. C'est pourquoi je vous dis : Ne vous inquiétez pas pour votre vie de ce que vous mangerez, ni pour votre corps, de quoi vous serez vêtus. La vie n'est-elle pas plus que la nourriture, et le corps plus que le vêtement ? Regardez les oiseaux du ciel : ils ne sèment ni ne moissonnent, et ils n'amassent rien dans des greniers ; et votre Père céleste les nourrit. Ne vallez-vous pas beaucoup plus qu'eux ? Qui de vous, par ses inquiétudes, peut ajouter une coudée à la durée de sa vie ? Et pourquoi vous inquiéter au sujet du vêtement ? Considérez comment croissent les lis des champs : ils ne travaillent ni ne filent ; cependant je vous dis que Salomon même, dans toute sa gloire, n'a pas été vêtu comme l'un d'eux. Si Dieu revêt ainsi l'herbe des champs, qui existe aujourd'hui et qui demain sera jetée au four, ne vous vêtira-t-il pas à plus forte raison, gens de peu de foi ? Ne vous inquiétez donc point, et ne dites pas : Que mangerons-nous ? Que boirons-nous ? De quoi serons-nous vêtus ? Car toutes ces choses, ce sont les païens qui les recherchent. Votre Père céleste sait que vous en avez besoin. Cherchez premièrement le royaume et la justice de Dieu ; et toutes ces choses vous seront données par-dessus. Ne vous inquiétez donc pas du lendemain ; car le lendemain aura soin de lui-même. A chaque jour suffit sa peine.* »

3. Quels intérêts les catholiques accordent-ils aux statues dans leurs cultes ? Deutéronome 4 : 14 – 20

« *En ce temps-là, l'Éternel me commanda de vous enseigner des lois et des ordonnances, afin que vous les mettiez en pratique dans le pays dont vous allez prendre possession. Puisque vous n'avez vu aucune figure le jour où l'Éternel vous parla du milieu du feu, à Horeb, veillez attentivement sur vos âmes, de peur que vous ne vous corrompiez et que vous ne vous fassiez une image taillée, une représentation de quelque idole, la figure d'un homme ou d'une femme, la figure d'un animal qui soit sur la terre, la figure d'un oiseau qui vole dans les cieux, la figure d'une bête qui rampe sur le sol, la figure d'un poisson qui vive dans les eaux au-dessous de la terre. Veille sur ton âme, de peur que, levant tes yeux vers le ciel, et voyant le soleil, la lune et les étoiles, toute l'armée des cieux, tu ne sois entraîné à te prosterner en leur présence et à leur rendre un culte : ce sont des choses que l'Éternel, ton Dieu, a données en partage à tous les peuples, sous le ciel tout entier. Mais vous, l'Éternel vous a pris, et vous a fait sortir de la fournaise de fer de l'Égypte, afin que vous fussiez un peuple qui lui appartînt en propre, comme vous l'êtes aujourd'hui.* » Daniel 3 : 1

« *Le roi Nebucadnetsar fit une statue d'or, haute de soixante coudées et large de six coudées. Il la dressa dans la vallée de Dura, dans la province de Babylone.* »

Note: *Euro News :* A trois jours de la canonisation de Jean Paul II, un italien de vingt ans est mort écrasé, après la chute de cette croix du christ catholique dans la région montagneuse de Tchéboa en Italie. La statue de Six mètres de haut et pesant Six cent kilogrammes s'est brisée de façon soudaine sur le jeune, le tuant sur le coup.

LE VATICAN EN PERSPECTIVE DE GOUVERNER LE MONDE ENTIER : " LE NOUVEL ORDRE MONDIAL " ET L'APPLICATION DU " 666 "

4. Quels sont les acteurs majeurs de ce gouvernement mondial en préparation ?

LA FRANCE ET LE NOUVEL ORDRE MONDIAL

Nicolas Sarkozy : *"Il est temps de construire le Nouvel Ordre Mondial..."*

Nicolas Sarkozy : *" La crise est mondiale, il faut que nous lui apportions une réponse mondiale. "*

Nicolas Sarkozy : *" J'en appelle à tous les gouvernements. Aucun d'entre nous ne s'en sortira, aucun. Je dis bien qu'aucun, en faisant sa propre politique dans son coin isolé de ce que font les autres. Et je puis vous dire une chose, je puis vous dire une deuxième chose, je puis vous dire une troisième chose, on ira ensemble vers ce Nouvel Ordre Mondial. Et personne, je dis bien personne ne supprimera cela. "*

" LES USA ABRITANT LE VATICAN, LE NOUVEL ORDRE MONDIAL, ET LA SOUVERAINETE SUPRA NATIONALE D'UNE ELITE INTELLECTUELLE, ET DE BANQUIERS MONDIAUX "

Georges Walker Bush en 1992 " *Si le peuple avait la moindre idée de ce que nous avons fait, il nous trainerait et nous licherait. Quelques INKOUAMES et la famille Rock Feler faisant partie d'une cabale secrète, travaillant contre les meilleurs intérêts des USA, car ma famille et moi-même, en tant qu'internationaliste et conspirant autour de la terre pour construire une politique globale, une structure économique plus intégrée, un seul monde si vous voulez. Si cela est l'accusation, je suis coupable et fier de l'être. Nous sommes reconnaissant au WASHINTONG POST, TIME MAGAZINE, TIME MAGAZINE, et d'autres grandes publications, dont les directeurs ont assisté à notre réunion et respecter leur promesse de discrétion presque quarante ans. Il aurait été impossible de développer nos plans pour le monde si nous avions été assujettit à l'exposition publique durant toutes ces années. Mais le monde est maintenant plus sophistiqué et préparé à entrer dans un gouvernement mondial. La souveraineté supra nationale d'une élite intellectuelle, et de banquiers mondiaux est assurément préférable à l'autodétermination pratiquée pendant des siècles. Nous sommes à la veille d'une transformation globale. Ce dont nous avons besoin est de la bonne crise majeure. Et les nations vont accepter le Nouvel Ordre Mondial.* "

Note: Les riches se servent des USA entre autre, pour y établir leur contrôle des Hommes par l'entremise du "Nouvel Ordre Mondial". Le Chef du Vatican est du monde, puisqu'il parle de cette nébuleuse infernale. Confirmant ainsi sa dépendance vis-à-vis du pouvoir diabolique qui incarne les pensées du monde. Puisqu'il exhorte ceux qui le suivent dans cette marche de moutons de panurge, à préparer la fédération des états en adhérant aux idéaux conduits par les tenants et les aboutissants de la prochaine secte supranationale qui le verra lui le chef du Vatican, à sa tête pour y imposer le 666 à toutes les tributs, les langues, les nations de la terre.

EXCEPTION DE LEADER OPPOSE AU NOUVEL ORDRE MONDIAL

LE DEFIT DE DONALD TRUMP LANCE AU NOUVEL ORDRE MONDIAL

Le Président de la Commission Européenne (UE), l'allemand **DONALD TUSK.** Parlant du caractère incorrigible du Président américain alors nouvellement élu, déclara dans les médias : " ***Donald Trump s'amuse avec le Nouvel Ordre Mondial qu'il se permet de défier*** "

5. **Comment la prophétie biblique annonçait-elle déjà cette démarche du VATICAN en tête des gouvernements terrestres ?** Apocalypse 18 : 23

« *La lumière de la lampe ne brillera plus chez toi, et la voix de l'époux et de l'épouse ne sera plus entendue chez toi, parce que tes marchands étaient les grands de la terre, parce que toutes les nations ont été séduites par tes enchantements* »

Note: Le nouvel Ordre Mondial se sont les riches qui annoncé cela. Ce n'est pas le peuple de Dieu. Elle n'est pas non plus issue d'une entreprise concertée par des nations civilisées dites démocratiques. Mais puisque ce sont des riches qui en ont parlés et qui ont le pouvoir en occident. Les chefs d'états qui sont soumis à cette oligarchie bancaire, font alors la promotion de cette élite pétrolière en parlant du Nouvel Ordre Mondial.

Note: Le VATICAN ainsi que toutes les Eglises qui se disent Protestantes, démontrent clairement qu'elles ne font pas partie de l'Eglise du Christ selon le modèle de Dieu. Il suffit de regarder et de réfléchir à une option très pratique.

6. **Christ s'impliquait-il dans des décisions relevant du monde politico-financier d'Israël ou celle des romains ?**

Lisons contradictoirement ce que dit le Chef de l'Eglise catholique, Benoit XVI « ***Homme moderne, adulte parfois faible dans sa volonté. Laisse-toi prendre par la main par l'enfant de Bethléem. Ne crains pas, aie confiance en Lui. La force vivifiante de sa lumière, t'encourage à t'engager dans l'édification d'un*** *Nouvel Ordre Mondial*, ***fondé sur de justes relations*** *étiques et économiques* »

Note: Le Seigneur a dit : Mathieu 6 : 24 « *Nul ne peut servir deux maîtres. Car, ou il haïra l'un, et aimera l'autre ; ou il s'attachera à l'un, et méprisera l'autre. Vous ne pouvez servir Dieu et le dieu Argent Mammon.* » Ce David Rock Feler par exemple, aime-t-il Dieu, ou plutôt l'argent ? Nous disions dans une autre étude biblique, combien cet oligarque fut le premier à découvrir la réserve de gisement pétrolière la plus importante du monde. Elle se situe à l'emplacement présumé du paradis, le Jardin d'Eden. Aujourd'hui, ce territoire couvre l'actuel proche et moyen orient. Le magnat du pétrole, bien qu'ayant été inspiré par la Bible à la découverte de l'or noir, nous laisse confirmer une fois de plus, le dévouement de l'argent par notre Seigneur. La Bible nous lance un avertissement, celui de nous méfier de son amour. 1 Timothée 6 : 7 – 12 « *car nous n'avons rien apporté dans le monde, et il est évident que nous n'en pouvons rien emporter ; si donc nous avons la nourriture et le vêtement, cela nous suffira. Mais ceux qui veulent s'enrichir tombent dans la tentation, dans le piège, et dans beaucoup de désirs insensés et pernicieux qui plongent les hommes dans la ruine et la perdition. Car l'amour de l'argent est une racine de tous les maux ; et quelques-uns, en étant possédés, se sont égarés loin de la foi, et se sont jetés eux-mêmes dans bien des tourments. Pour toi, homme de Dieu, fuis ces choses, et recherche la justice, la piété, la foi, la charité, la patience, la douceur. Combats le bon combat de la foi, saisis la vie éternelle, à laquelle tu as été appelé, et pour laquelle tu as fait une belle confession en présence d'un grand nombre de témoins.* » En dépit des sources bibliques à l'origine de son immense richesse, Rock Feler n'a jamais véritablement servi le Seigneur avec les milliards qu'il possédait. Au contraire, il a pollué la terre de Dieu en la détruisant. Et pourtant nous connaissons l'avertissement de la Bible à l'encontre de tous ceux qui détruisent notre planète : « *Nous te rendons grâces, Seigneur Dieu tout puissant, qui es, et qui étais, de ce que car tu as saisi ta grande puissance et pris possession de ton règne. Les nations se sont irritées ; et ta colère est venue, et le temps est venu de juger les morts, de récompenser tes serviteurs les prophètes, les saints et ceux qui craignent ton nom, les petits et les grands, et de détruire ceux qui détruisent la terre.* » Apocalypse 11 : 17 – 18. Ce n'est donc pas un prophète qui a annoncé le Nouvel Ordre Mondial de la part de Dieu. Ce sont des chefs d'Etat de la part du Chef des satanistes c'est-à-dire l'Homme impie, l'adversaire de Dieu, le "666". Ces riches et tous les chefs d'états qui font des déclarations sur le Nouvel Ordre Mondial, accompagnent le chef de l'Eglise catholique, qui est lui-même soumis au Diable. Ceci démontre d'avantage les œuvres ténébreuses du Vatican par son Chef aux côtés du Diable. « *Si la tête est malade, tout le corps est malade* » dit la Bible. Ces groupes qui parlent du Nouvel Ordre Mondial sont tous des conducteurs aveugles qui conduisent des aveugles. Le monde catholiques et tout l'ensemble de la chrétienté qui s'est tiédie suite à la fausse doctrine, et qui ne veulent même plus se poser de questions, ne veulent tout simplement plus écouter Dieu en lisant leur Bible. Ils n'interrogent pas Dieu à travers sa parole révélée, les saintes écritures, devenant ainsi pires que des païens. Le Chef du Vatican a cherché à manipuler les catholiques avec l'annonce du Nouvel Ordre Mondial. Le Seigneur Jésus démontre clairement par la série d'enseignements chrétiens que nous vous transmettons, que le "666" apparaitra bientôt au monde en tant que prochain leader mondiale, apportant l'irréfutabilité des saintes prophéties, comme avertissement aux croyants. Nous vous recommandons de prendre connaissance du sujet par le thème biblique consacrée à ce sujet : **La destruction du Vatican et la montée de son leader en place, en tant que Gouvernant Mondial.**

Cet évènement annoncé dans la Bible est en passe de s'accomplir au cours de la demi-heure prophétique restante. Le temps qui lui était imparti par Dieu, « *une heure* », a débuté le 13 mars 2013, et en est exactement à mi-parcours de son accomplissement, en ce moment où l'esprit de Dieu nous inspire l'écriture de ces messages d'exhortation prophétiques. Sachant « qu'*Une heure* » prophétique, correspond à une durée de quinze années littérales, une demi-heure donc est une durée de sept années et demie littérales.

Conclusion, la prophétie de sa destruction s'accomplira le **15 décembre 2027 !** Souvenons-nous que : « *l'écriture ne peut être anéantie* », ainsi que la proclamé Jésus-Christ.

7. **Ce Nouvel Ordre Mondial, fut-il seulement en préparation depuis l'investiture de François 1er ?**

Benoit XVI a aussi dit que **« *la lumière du Seigneur nous aide à construire ce Nouvel Ordre Mondial.* »**

Note: Le Nouvel Ordre Mondial c'est le monde et c'est les mêmes pensées qu'à la tour de Babel. Dans Daniel 2 il est question qu'après l'empire romain, qu'il y aurait des alliances humaines, et c'est exactement ce qui est en train de se produire. Alors Frères et Sœurs Chrétiens, sortez du Vatican et de toutes ces prétendues Eglises qui ne servent pas le Seigneur. Entrez dans l'Eglise du Seigneur qui est la seule par laquelle Jésus le Bon Berger qui est seul pouvant vous préparer à sa rencontre dont la Bible annonce déjà l'accomplissement de plusieurs prophéties avant ce retour, ô combien imminent désormais !

CETTE DESTRUCTION DU VATICAN LE 15 DECEMBRE 2027, EPARGNERA SON CHEF ACTUEL FRANÇOIS 1ER, EN ATTENTE DU RETOUR INCONNU DE CHRIST

8. **A quel moment exactement doit croître la force de l'adversaire de Dieu, l'homme impie, le Fils de la perdition ?** Daniel 8 : 23-24

« *A la fin de leur domination, lorsque les pécheurs seront consumés, il s'élèvera un roi impudent et artificieux. Sa puissance s'accroîtra, mais non par sa propre force ; il fera d'incroyables ravages, il réussira dans ses entreprises, il détruira les puissants et le peuple des saints.* »

9. **Comment et par qui sera détruit cette puissance religieuse ?** Apocalypse 17 : 16

« *Les dix cornes que tu as vues et la bête haïront la prostituée, la dépouilleront et la mettront à nu, mangeront ses chairs, et la consumeront par le feu.* »

Daniel 8 : 23 « *A la fin de leur domination, lorsque les pécheurs seront consumés* »

Note: La destruction des pêcheurs ici, fait référence au moment où le trône de la Bête, le Vatican sera consumé par le feu, d'après les prophéties d'*Apocalypse 17 et 18*. Selon ces deux chapitres, cette destruction se produira le 15 décembre 2027. (*Voir étude Biblique N° 22 de cette série*) Et puisque la Bible n'annonce rien sur une probable succession de l'actuel chef de l'Eglise Catholique qui en est « *La bête qui était, et qui n'est plus, est elle-même un huitième roi, et elle est du nombre des sept, et elle va à la perdition* » *Apocalypse 17 : 11*. De François 1er, justement en place au poste de chef de l'Eglise Catholique, nous convenons avec les saintes écritures que cet être Abominable qui se fait appelé Pape ou Souverain Pontife par les non chrétiens, et qui se déclare être sans péchés, se permettant de pardonner les péchés de l'humanité, est ce huitième Roi et Chef, dont lors de la restauration des relations entre le Vatican et l'Italie depuis l'ère de Mussolini a signé les accords de Latran le 11 février 1929 à Rome ! La Bible affirme que ce huitième Roi, sera toujours en place au retour de Jésus. Certainement pour recevoir sa sentence par le Fils de Dieu, Lui-même lors de son avènement à la fin du monde (*2 Thessaloniciens 2 : 8*). C'est pourquoi nous pouvons également affirmer en annonçant aux chrétiens et à l'Eglise entière que, de l'actuel chef de l'Eglise Catholique, François 1er; huitième de sa succession, nul d'entre nous ne le verra mort ! Mais que tous, nous contemplerons sa destruction lors du retour de notre Seigneur Jésus qui se fera « *par le souffle de sa bouche lors de son avènement au dernier jour* » (2Théssaloniciens 2 : 8**)**. Rappelons-nous de Daniel 8 : 25 « ***Et il s'élèvera contre le chef des chefs ; mais il sera brisé, sans l'effort d'aucune main*** ». Sans l'effort d'aucune main rappelant que c'est seul Christ Lui-même qui le détruira lors de son retour. Du coup nous pouvons lui apporter cet avertissement qu'il peut s'épargner sa Papamobile, car rien ne lui est prévu en dehors de sa destruction par le Fils de Dieu dont il s'est permis de blasphémer et de moquer le Père. « *Brisé* », « *ce Chef impudent et artificieux* » le sera très bientôt.

10. Comprenons-nous ainsi dans le même temps, l'urgence d'être en communion parfaite avec Dieu par Jésus-Christ, en cette fin de l'histoire ?

« *Car le Fils de Dieu revient bientôt !!!* »

11. Que dit la Bible de la destruction du roi artificieux du livre de Daniel ? Daniel 8 : 25

« *Et il s'élèvera contre le chef des chefs ; mais il sera brisé, sans l'effort d'aucune main.* »

12. Et d'ailleurs comment devraient être détruit les royaumes de la terre d'après le songe de Daniel au Roi Nebucadnetsar ? Daniel 2 : 44-45

« *Dans le temps de ces rois, le Dieu des cieux suscitera un royaume qui ne sera jamais détruit, et qui ne passera point sous la domination d'un autre peuple ; il brisera et anéantira tous ces royaumes-là, et lui-même subsistera éternellement. C'est ce qu'indique la pierre que tu as vue se détacher de la montagne sans le secours d'aucune main, et qui a brisé le fer, l'airain, l'argile, l'argent et l'or.* »

Note: « *Sans le secours d'aucune main* », indiquant que la destruction de ces royaumes se fera sans l'effort d'une assistance humaine, ni celui d'un royaume quelconque. Tout comme la destruction de l'homme impie du livre de 2 Théssaloniciens 2 : 7, dont la Bible annonce qu'il « *sera détruit par le souffle de la bouche de Jésus* ». Rappelant de graves similitudes d'un verset biblique à un autre, la façon dont Dieu mettra un terme à ces royaumes blasphémateurs de manière soudaine, et par sa seule puissance divine, déployée en son Fils Jésus-Christ !

13. En quels sens démontrer qu'une doctrine est souvent qualifiée d'aliment ou de table alimentaires au sens biblique du terme ?

Apocalypse 2 : 20 – 29 « *Mais ce que j'ai contre toi, c'est que tu laisses la femme Jézabel, qui se dit prophétesse, enseigner et séduire mes serviteurs, pour qu'ils se livrent à l'impudicité et qu'ils mangent des viandes sacrifiées aux idoles. Je lui ai donné du temps, afin qu'elle se repentît, et elle ne veut pas se repentir de son impudicité. Voici, je vais la jeter sur un lit, et envoyer une grande tribulation à ceux qui commettent adultère avec elle, à moins qu'ils ne se repentent de leurs œuvres. Je ferai mourir de mort ses enfants ; et toutes les Églises connaîtront que je suis celui qui sonde les reins et les cœurs, et je vous rendrai à chacun selon vos œuvres. A vous, à tous les autres de Thyatire, qui ne reçoivent pas cette doctrine, et qui n'ont pas connu les profondeurs de Satan, comme ils les appellent, je vous dis : Je ne mets pas sur vous d'autre fardeau ; seulement, ce que vous avez, retenez-le jusqu'à ce que je vienne. A celui qui vaincra, et qui gardera jusqu'à la fin mes œuvres, je donnerai autorité sur les nations. Il les paîtra avec une verge de fer, comme on brise les vases d'argile, ainsi que moi-même j'en ai reçu le pouvoir de mon Père. Et je lui donnerai l'étoile du matin. Que celui qui a des oreilles entende ce que l'Esprit dit aux Églises !* »

Puisque Christ a démontré que sa parole est un véritable aliment se rapportant en effet à ses enseignements, elle est ainsi comparable à la sainte table de l'église *Jean 6 : 63 « C'est l'esprit qui vivifie ; la chair ne sert de rien. Les paroles que je vous ai dites sont esprit et vie ».*

14. Qu'est-ce que l'Eglise du Christ ? *1 Corinthiens 6 : 12 – 20*

« *Tout m'est permis, mais tout n'est pas utile ; tout m'est permis, mais je ne me laisserai asservir par quoi que ce soit. Les aliments sont pour le ventre, et le ventre pour les aliments ; et Dieu détruira l'un comme les autres. Mais le corps n'est pas pour l'impudicité. Il est pour le Seigneur, et le Seigneur pour le corps. Et Dieu, qui a ressuscité le Seigneur, nous ressuscitera aussi par sa puissance. Ne savez-vous pas que vos corps sont des membres de Christ ? Prendrai-je donc les membres de Christ, pour en faire les membres d'une prostituée ? Loin de là ! Ne savez-vous pas que celui qui s'attache à la prostituée est un seul corps avec elle ? Car, est-il dit, les deux deviendront une seule chair. Mais celui qui s'attache au Seigneur est avec lui un seul esprit. Fuyez l'impudicité. Quelque autre péché qu'un homme commette, ce péché est hors du corps ; mais celui qui se livre à l'impudicité pèche contre son propre corps. Ne savez-vous pas que votre corps est le temple du Saint Esprit qui est en vous, que vous avez reçu de Dieu, et que vous ne vous appartenez point à vous-mêmes ? Car vous avez été rachetés à un grand prix. Glorifiez donc Dieu dans votre corps et dans votre esprit, qui appartiennent à Dieu.* »

15. L'Eglise, est-ce une organisation dénominationnelle ? *Actes 11 : 23 – 26*

« *Lorsqu'il fut arrivé, et qu'il eut vu la grâce de Dieu, il s'en réjouit, et il les exhorta tous à rester d'un cœur ferme attachés au Seigneur. Car c'était un homme de bien, plein d'Esprit Saint et de foi. Et une foule assez nombreuse se joignit au Seigneur. Barnabas se rendit ensuite à Tarse, pour chercher Saul ; et, l'ayant trouvé, il l'amena à Antioche. Pendant toute une année, ils se réunirent aux assemblées de l'Église, et ils enseignèrent beaucoup de personnes. Ce fut à Antioche que, pour la première fois, les disciples furent appelés chrétiens.* »

16. Les assemblées chrétiennes doivent-elles répondre officiellement d'une quelconque exigence gouvernementale pour prouver qu'elles sont l'Eglise de Christ ?

Note: NON !

17. Christ avait-il recommandé de construire des bâtiments appelés "Eglises" durant l'ère apostolique ? 1 Corinthiens 16 : 19

« Les Églises d'Asie vous saluent. Aquilas et Priscille, avec l'Église qui est dans leur maison, vous saluent beaucoup dans le Seigneur. »

Note: A titre de rappel nos lieux de cultes exclusifs, seront obligatoirement des maisons d'habitation personnelle. Exception pourra être faite en cas d'octroi d'un espace plus grand par un membre de l'Eglise si et seulement si, ce bâtiment peut jouir des prérogatives assignées à une maison d'habitation familiale, par les autorités du pays en question, conformément au respect du droit foncier ou des normes sur l'habitat.

18. Que préfigurait cette répartition groupusculaire par Jésus, lors du partage du pain et des poissons à la foule ? Marc 6 : 35 – 44

« Comme l'heure était déjà avancée, ses disciples s'approchèrent de lui, et dirent : Ce lieu est désert, et l'heure est déjà avancée ; renvoie-les, afin qu'ils aillent dans les campagnes et dans les villages des environs, pour s'acheter de quoi manger. Jésus leur répondit : Donnez-leur vous-mêmes à manger. Mais ils lui dirent : Irions-nous acheter des pains pour deux cents deniers, et leur donnerions-nous à manger ? Et il leur dit : Combien Avez-vous de pains ? Allez voir. Ils s'en assurèrent, et répondirent : Cinq, et deux poissons. Alors il leur commanda de les faire tous asseoir par groupes sur l'herbe verte, et ils s'assirent par rangées de cent et de cinquante. Il prit les cinq pains et les deux poissons et, levant les yeux vers le ciel, il rendit grâces. Puis, il rompit les pains, et les donna aux disciples, afin qu'ils les distribuassent à la foule. Il partagea aussi les deux poissons entre tous. Tous mangèrent et furent rassasiés, et l'on emporta douze paniers pleins de morceaux de pain et de ce qui restait des poissons. Ceux qui avaient mangé les pains étaient cinq mille hommes. »

Note: Marc 6 : 35 – 44 *« Alors il leur commanda de les faire tous asseoir par groupes sur l'herbe verte, et ils s'assirent par rangées de cent et de cinquante. »* Ceci étant, nous voulons rester aussi près des consignes du Christ en matière de culte.

19. Le Christ est-il encore présent dans ces dénominations appelées Eglises ?

Mathieu 28 : 18 – 20 *« Jésus, s'étant approché, leur parla ainsi : Tout pouvoir m'a été donné dans le ciel et sur la terre. Allez, faites de toutes les nations des disciples, les baptisant au nom du Père, du Fils et du Saint Esprit, et enseignez-leur à observer tout ce que je vous ai prescrit. Et voici, je suis avec vous tous les jours, jusqu'à la fin du monde. »*

20. Comment se construisent actuellement les communautés chrétiennes sous le seul Berger, Jésus-Christ ? Jean 10 : 13 - 16

« Le mercenaire s'enfuit, parce qu'il est mercenaire, et qu'il ne se met point en peine des brebis. Je suis le bon berger. Je connais mes brebis, et elles me connaissent, comme le Père me connaît et comme je connais le Père ; et je donne ma vie pour mes brebis. J'ai encore d'autres brebis, qui ne sont pas de cette bergerie ; celles-là, il faut que je les amène ; elles entendront ma voix, et il y aura un seul troupeau, un seul berger. »

21. L'Eglise de Christ en a-t-elle de responsables visibles ? Actes 20 : 24 – 38

« Mais je ne fais pour moi-même aucun cas de ma vie, comme si elle m'était précieuse, pourvu que j'accomplisse ma course avec joie, et le ministère que j'ai reçu du Seigneur Jésus, d'annoncer la bonne nouvelle de la grâce de Dieu. Et maintenant voici, je sais que vous ne verrez plus mon visage, vous tous au milieu desquels j'ai passé en prêchant le royaume de Dieu. C'est pourquoi je vous déclare aujourd'hui que je suis pur du sang de vous tous, car je vous ai annoncé tout le conseil de Dieu, sans en rien cacher. Prenez donc garde à vous-mêmes, et à tout le troupeau sur lequel le Saint Esprit vous a établis évêques, pour paître l'Église du Seigneur, qu'il s'est acquise par son propre sang. Je sais qu'il s'introduira parmi vous, après mon départ, des loups cruels qui n'épargneront pas le troupeau, et qu'il s'élèvera du milieu de vous des hommes qui enseigneront des choses pernicieuses, pour entraîner les disciples après eux. Veillez donc, vous souvenant que, durant trois années, je n'ai cessé nuit et jour d'exhorter avec larmes chacun de vous. Et maintenant je vous recommande à Dieu et à la parole de sa grâce, à celui qui peut édifier et donner l'héritage avec tous les sanctifiés. Je n'ai désiré ni l'argent, ni l'or, ni les vêtements de personne. Vous savez vous-mêmes que ces mains ont pourvu à mes besoins et à ceux des personnes qui étaient avec moi. Je vous ai montré de toutes manières que c'est en travaillant ainsi qu'il faut soutenir les faibles, et se rappeler les paroles du Seigneur, qui a dit lui-même : Il y a plus de bonheur à donner qu'à recevoir. Après avoir ainsi parlé, il se mit à genoux, et il pria avec eux tous. Et tous fondirent en larmes, et, se jetant au cou de Paul, ils l'embrassaient, affligés surtout de ce qu'il avait dit qu'ils ne verraient plus son visage. Et ils l'accompagnèrent jusqu'au navire. »

22. Cette Eglise de Christ peut-elle entretenir la corruption ?

Apocalypse 21 : 1 – 27 « Puis je vis un nouveau ciel et une nouvelle terre ; car le premier ciel et la première terre avaient disparu, et la mer n'était plus. Et je vis descendre du ciel, d'auprès de Dieu, la ville sainte, la nouvelle Jérusalem, préparée comme une épouse qui s'est parée pour son époux. Et j'entendis du trône une forte voix qui disait : Voici le tabernacle de Dieu avec les hommes ! Il habitera avec eux, et ils seront son peuple, et Dieu lui-même sera avec eux. Il essuiera toute larme de leurs yeux, et la mort ne sera plus, et il n'y aura plus ni deuil, ni cri, ni douleur, car les premières choses ont disparu. Et celui qui était assis sur le trône dit : Voici, je fais toutes choses nouvelles. Et il dit : Écris ; car ces paroles sont certaines et véritables. Et il me dit : C'est fait ! Je suis l'alpha et l'oméga, le commencement et la fin. A celui qui a soif je donnerai de la source de l'eau de la vie, gratuitement. Celui qui vaincra héritera ces choses ; je serai son Dieu, et il sera mon fils. Mais pour les lâches, les incrédules, les abominables, les meurtriers, les impudiques, les enchanteurs, les idolâtres, et tous les menteurs, leur part sera dans l'étang ardent de feu et de soufre, ce qui est la seconde mort. Puis un des sept anges qui tenaient les sept coupes remplies des sept derniers fléaux vint, et il m'adressa la parole, en disant : Viens, je te montrerai l'épouse, la femme de l'agneau. Et il me transporta en esprit sur une grande et haute montagne. Et il me montra la ville sainte, Jérusalem, qui descendait du ciel d'auprès de Dieu, ayant la gloire de Dieu. Son éclat était semblable à celui d'une pierre très précieuse, d'une pierre de jaspe transparente comme du cristal. Elle avait une grande et haute muraille. Elle avait douze portes, et sur les portes douze anges, et des noms écrits, ceux des douze tribus des fils d'Israël : à l'orient trois portes, au nord trois portes, au midi trois portes, et à l'occident trois portes. La muraille de la ville avait douze fondements, et sur eux les douze noms des douze apôtres de l'agneau. Celui qui me parlait avait pour mesure un roseau d'or, afin de mesurer la ville, ses portes et sa muraille. La ville avait la forme d'un carré, et sa longueur était égale à sa largeur. Il mesura la ville avec le roseau, et trouva douze mille stades ; la longueur, la largeur et la hauteur en étaient égales. Il mesura la muraille, et trouva cent quarante-quatre coudées, mesure d'homme, qui était celle de l'ange. La muraille était construite en jaspe, et la ville était d'or pur, semblable à du verre pur. Les fondements de la muraille de la ville étaient ornés de pierres précieuses de toute espèce : le premier fondement était de jaspe, le second de saphir, le troisième de calcédoine, le quatrième d'émeraude, le cinquième de sardonyx, le sixième de sardoine, le septième de chrysolithe, le huitième de béryl, le neuvième de topaze, le dixième de chrysoprase, le onzième d'hyacinthe, le douzième d'améthyste. Les douze portes étaient douze perles ; chaque porte était d'une seule perle. La place de la ville était d'or pur, comme du verre transparent. Je ne vis point de temple dans la ville ; car le Seigneur Dieu tout puissant est son temple, ainsi que l'agneau. La ville n'a besoin ni du soleil ni de la lune pour l'éclairer ; car la gloire de Dieu l'éclaire, et l'agneau est son flambeau. Les nations marcheront à sa lumière, et les rois de la terre y apporteront leur gloire. Ses portes ne se fermeront point le jour, car là il n'y aura point de nuit. On y apportera la gloire et l'honneur des nations. Il n'entrera chez elle rien de souillé, ni personne qui se livre à l'abomination et au mensonge ; il n'entrera que ceux qui sont écrits dans le livre de vie de l'agneau. »

23. L'Eglise peut-elle tant soi peu compromettre notre salut par quelques doctrines non scripturaires ? Ephésiens 5 : 23 – 33

« *car le mari est le chef de la femme, comme Christ est le chef de l'Église, qui est son corps, et dont il est le Sauveur. Or, de même que l'Église est soumise à Christ, les femmes aussi doivent l'être à leurs maris en toutes choses. Maris, aimez vos femmes, comme Christ a aimé l'Église, et s'est livré lui-même pour elle, afin de la sanctifier par la parole, après l'avoir purifiée par le baptême d'eau, afin de faire paraître devant lui cette Église glorieuse, sans tache, ni ride, ni rien de semblable, mais sainte et irrépréhensible. C'est ainsi que les maris doivent aimer leurs femmes comme leurs propres corps. Celui qui aime sa femme s'aime lui-même. Car jamais personne n'a haï sa propre chair ; mais il la nourrit et en prend soin, comme Christ le fait pour l'Église, parce que nous sommes membres de son corps. C'est pourquoi l'homme quittera son père et sa mère, et s'attachera à sa femme, et les deux deviendront une seule chair. Ce mystère est grand ; je dis cela par rapport à Christ et à l'Église. Du reste, que chacun de vous aime sa femme comme lui-même, et que la femme respecte son mari.* »

24. Quelle Eglise aujourd'hui, est en parfaite conformité avec la sainte volonté de Christ dans la Bible ? Apocalypse 18 : 4 - 7

« *Et j'entendis du ciel une autre voix qui disait : Sortez du milieu d'elle, mon peuple, afin que vous ne participiez point à ses péchés, et que vous n'ayez point de part à ses fléaux. Car ses péchés se sont accumulés jusqu'au ciel, et Dieu s'est souvenu de ses iniquités. Payez-la comme elle a payé, et rendez-lui au double selon ses œuvres. Dans la coupe où elle a versé, versez-lui au double. Autant elle s'est glorifiée et plongée dans le luxe, autant donnez-lui de tourment et de deuil. Parce qu'elle dit en son cœur : Je suis assise en reine, je ne suis point veuve, et je ne verrai point de deuil !* »

25. Cette Eglise de Christ de la fin des temps sera-t-elle nombrable à son retour ? Révélation 14 : 1 - 12

« *Je regardai, et voici, l'agneau se tenait sur la montagne de Sion, et avec lui cent quarante-quatre mille personnes, qui avaient son nom et le nom de son Père écrit sur leurs fronts. Et j'entendis du ciel une voix, comme un bruit de grosses eaux, comme le bruit d'un grand tonnerre ; et la voix que j'entendis était comme celle de joueurs de harpes jouant de leurs harpes. Et ils chantaient un cantique nouveau devant le trône, et devant les quatre êtres vivants et les vieillards. Et personne ne pouvait apprendre le cantique, si ce n'est les cent quarante-quatre mille, qui avaient été rachetés de la terre. Ce sont ceux qui ne se sont pas souillés avec des femmes, car ils sont vierges ; ils suivent l'agneau partout où il va. Ils ont été rachetés d'entre les hommes, comme des prémices pour Dieu et pour l'agneau ; et dans leur bouche il ne s'est point trouvé de mensonge, car ils sont irrépréhensibles. Je vis un autre ange qui volait par le milieu du ciel, ayant un Évangile éternel, pour l'annoncer aux habitants de la terre, à toute nation, à toute tribu, à toute langue, et à tout peuple. Il disait d'une voix forte : Craignez Dieu, et donnez-lui gloire, car l'heure de son jugement est venue ; et adorez celui qui a fait le ciel, et la terre, et la mer, et les sources d'eaux. Et un autre, un second ange suivit, en disant : Elle est tombée, elle est tombée, Babylone la grande, qui a abreuvé toutes les nations du vin de la fureur de son impudicité ! Et un autre, un troisième ange les suivit, en disant d'une voix forte : Si quelqu'un adore la bête et son image, et reçoit une marque sur son front ou sur sa main, il boira, lui aussi, du vin de la fureur de Dieu, versé sans mélange dans la coupe de sa colère, et il sera tourmenté dans le feu et le soufre, devant les saints anges et devant l'agneau. Et la fumée de leur tourment monte aux siècles des siècles ; et ils n'ont de repos ni jour ni nuit, ceux qui adorent la bête et son image, et quiconque reçoit la marque de son nom. C'est ici la persévérance des saints, qui gardent les commandements de Dieu et la foi de Jésus.* »

REGARD SUR LE STATUT DE " PASTEUR " : AUTOPROCLAMATION / DOCTRINE CHRISMALE

26. Qui devrait être à la tête de l'Eglise du christ ?

Mathieu 23 : 2 – 12 « *Les scribes et les pharisiens sont assis dans la chaire de Moïse. Faites donc et observez tout ce qu'ils vous disent ; mais n'agissez pas selon leurs œuvres. Car ils disent, et ne font pas. Ils lient des fardeaux pesants, et les mettent sur les épaules des hommes, mais ils ne veulent pas les remuer du doigt. Ils font toutes leurs actions pour être vus des hommes. Ainsi, ils portent de larges phylactères, et ils ont de longues franges à leurs vêtements ; ils aiment la première place dans les festins, et les premiers sièges dans les synagogues ; ils aiment à être salués dans les places publiques, et à être appelés par les hommes Rabbi, Rabbi. Mais vous, ne vous faites pas appeler Rabbi ; car un seul est votre Maître, et vous êtes tous frères. Et n'appelez personne sur la terre votre père ; car un seul est votre Père, celui qui est dans les cieux. Ne vous faites pas appeler directeurs ; car un seul est votre Directeur, le Christ. Le plus grand parmi vous sera votre serviteur. Quiconque s'élèvera sera abaissé, et quiconque s'abaissera sera élevé.* »

27. Comment Jésus considérait-il les chefs religieux de son époque ? Mathieu 23 : 13 – 36

« *Malheur à vous, scribes et pharisiens hypocrites ! Parce que vous fermez aux hommes le royaume des cieux ; vous n'y entrez pas vous-mêmes, et vous n'y laissez pas entrer ceux qui veulent entrer. Malheur à vous, scribes et pharisiens hypocrites ! Parce que vous dévorez les maisons des veuves, et que vous faites pour l'apparence de longues prières ; à cause de cela, vous serez jugés plus sévèrement. Malheur à vous, scribes et pharisiens hypocrites ! Parce que vous courez la mer et la terre pour faire un prosélyte ; et, quand il l'est devenu, vous en faites un fils de la géhenne deux fois plus que vous. Malheur à vous, conducteurs aveugles ! Qui dites : Si quelqu'un jure par le temple, ce n'est rien ; mais, si quelqu'un jure par l'or du temple, il est engagé. Insensés et aveugles ! Lequel est le plus grand, l'or, ou le temple qui sanctifie l'or ? Si quelqu'un, dites-vous encore, jure par l'autel, ce n'est rien ; mais, si quelqu'un jure par l'offrande qui est sur l'autel, il est engagé. Aveugles ! Lequel est le plus grand, l'offrande, ou l'autel qui sanctifie l'offrande ? Celui qui jure par l'autel jure par l'autel et par tout ce qui est dessus ; celui qui jure par le temple jure par le temple et par celui qui l'habite ; et celui qui jure par le ciel jure par le trône de Dieu et par celui qui y est assis. Malheur à vous, scribes et pharisiens hypocrites ! Parce que vous payez la dîme de la menthe, de l'aneth et du cumin, et que vous laissez ce qui est plus important dans la loi, la justice, la miséricorde et la fidélité : c'est là ce qu'il fallait pratiquer, sans négliger les autres choses. Conducteurs aveugles ! Qui coulez le moucheron, et qui avalez le chameau. Malheur à vous, scribes et pharisiens hypocrites ! Parce que vous nettoyez le dehors de la coupe et du plat, et qu'au dedans ils sont pleins de rapine et d'intempérance. Pharisien aveugle ! Nettoie premièrement l'intérieur de la coupe et du plat, afin que l'extérieur aussi devienne net. Malheur à vous, scribes et pharisiens hypocrites ! Parce que vous ressemblez à des sépulcres blanchis, qui paraissent beaux au dehors, et qui, au dedans, sont pleins d'ossements de morts et de toute espèce d'impuretés. Vous de même, au dehors, vous paraissez justes aux hommes, mais, au dedans, vous êtes pleins d'hypocrisie et d'iniquité. Malheur à vous, scribes et pharisiens hypocrites ! Parce que vous bâtissez les tombeaux des prophètes et ornez les sépulcres des justes, et que vous dites : Si nous avions vécu du temps de nos pères, nous ne nous serions pas joints à eux pour répandre le sang des prophètes. Vous témoignez ainsi contre vous-mêmes que vous êtes les fils de ceux qui ont tué les prophètes. Comblez donc la mesure de vos pères. Serpents, race de vipères ! Comment échapperez-vous au châtiment de la géhenne ? C'est pourquoi, voici, je vous envoie des prophètes, des sages et des scribes. Vous tuerez et crucifierez les uns, vous battrez de verges les autres dans vos synagogues, et vous les persécuterez de ville en ville, afin que retombe sur vous tout le sang innocent répandu sur la terre, depuis le sang d'Abel le juste jusqu'au sang de Zacharie, fils de Barachie, que vous avez tué entre le temple et l'autel. Je vous le dis en vérité, tout cela retombera sur cette génération. »*

28. Comment l'Apôtre Pierre appelait-il les dirigeants de l'Eglise chrétienne aux temps bibliques ? 1 Pierre 5 : 2 – 4

« Voici les exhortations que j'adresse aux anciens qui sont parmi vous »

29. Comment l'Apôtre Paul les appelait-il ? Actes 20 : 28 - 35

« Prenez donc garde à vous-mêmes, et à tout le troupeau sur lequel le Saint Esprit vous a établis évêques, pour paître l'Église du Seigneur, qu'il s'est acquise par son propre sang. »

30. Comment Paul prononce-t-il la prophétie sur le caractère cupide des prétendus pasteurs ? Actes 20 : 28 - 35

« Je sais qu'il s'introduira parmi vous, après mon départ, des loups cruels qui n'épargneront pas le troupeau, et qu'il s'élèvera du milieu de vous des hommes qui enseigneront des choses pernicieuses, pour entraîner les disciples après eux. »

31. Les dirigeants encore appelés Anciens doivent-ils travailler de manière volatile ? Actes 20 : 28 - 35

« Veillez donc, vous souvenant que, durant trois années, je n'ai cessé nuit et jour d'exhorter avec larmes chacun de vous. Et maintenant je vous recommande à Dieu et à la parole de sa grâce, à celui qui peut édifier et donner l'héritage avec tous les sanctifiés. »

32. Comment les anciens d'Eglise doivent-ils se mettre à l'abri du besoin ? Actes 20 : 28 - 35

« *Je n'ai désiré ni l'argent, ni l'or, ni les vêtements de personne. Vous savez vous-mêmes que ces mains ont pourvus à mes besoins et à ceux des personnes qui étaient avec moi. Je vous ai montré de toutes manières que c'est en travaillant ainsi qu'il faut soutenir les faibles, et se rappeler les paroles du Seigneur, qui a dit lui-même : Il y a plus de bonheur à donner qu'à recevoir.* »

33. Quelle mission l'Apôtre Pierre reçu-t-il directement de Jésus ?

Mathieu 16 : 18 – 19

« *Et moi, je te dis que tu es Pierre, et que sur cette pierre je bâtirai mon Église, et que les portes du séjour des morts ne prévaudront point contre elle. Je te donnerai les clefs du royaume des cieux : ce que tu lieras sur la terre sera lié dans les cieux, et ce que tu délieras sur la terre sera délié dans les cieux.* »

34. Qu'est ce qui fit de Pierre, leader des autres Anciens, ses frères ? Jean 21 : 15 - 17

« *Après qu'ils eurent mangé, Jésus dit à Simon Pierre : Simon, fils de Jonas, m'aimes-tu plus que ne m'aiment ceux-ci ? Il lui répondit : Oui, Seigneur, tu sais que je t'aime. Jésus lui dit : Pais mes agneaux. Il lui dit une seconde fois : Simon, fils de Jonas, m'aimes-tu ? Pierre lui répondit : Oui, Seigneur, tu sais que je t'aime. Jésus lui dit : Pais mes brebis. Il lui dit pour la troisième fois : Simon, fils de Jonas, m'aimes-tu ? Pierre fut attristé de ce qu'il lui avait dit pour la troisième fois : M'aimes-tu ? Et il lui répondit : Seigneur, tu sais toutes choses, tu sais que je t'aime. Jésus lui dit : Pais mes brebis.* »

35. Mais Pierre se considérait-il au-dessus des autres Anciens de l'Eglise ? 1 Pierre 5 : 2 – 4

« *Moi ancien comme eux, témoin des souffrances de Christ, et participant de la gloire qui doit être manifestée* »

36. De quel nom l'Apôtre Pierre se faisait-il appelé ? 1 Pierre 5 : 2 – 4

« *Moi ancien comme eux, témoin des souffrances de Christ, et participant de la gloire qui doit être manifestée* »

37. Etait-elle une tâche bénévole que de servir l'Eglise au temps Bibliques des Apôtres ? 1 Pierre 5 : 2 – 4

« *Paissez le troupeau de Dieu qui est sous votre garde, non par contrainte, mais volontairement, selon Dieu* »

38. Quelle était la motivation des Anciens du temps des Apôtres ?

1 Pierre 5 : 2 – 4 « *non pour un gain sordide, mais avec dévouement ; non comme dominant sur ceux qui vous sont échus en partage, mais en étant les modèles du troupeau.* »

39. Qui est-il considéré "Souverain Berger" de l'Eglise ?

1 Pierre 5 : 2 – 4 « *Et lorsque le souverain pasteur paraîtra, vous obtiendrez la couronne incorruptible de la gloire.* »

40. Qu'avait opéré Christ autrefois avant la destruction du monde antédiluvien de Noé ? 1 Pierre 3 : 18 – 20

« *Christ aussi a souffert une fois pour les péchés, lui juste pour des injustes, afin de nous amener à Dieu, ayant été mis à mort quant à la chair, mais ayant été rendu vivant quant à l'Esprit, dans lequel aussi il est allé prêcher aux esprits en prison, qui autrefois avaient été incrédules, lorsque la patience de Dieu se prolongeait, aux jours de Noé, pendant la construction de l'arche, dans laquelle un petit nombre de personnes, c'est-à-dire huit, furent sauvées à travers l'eau.* »

41. Que prédit la Bible sur l'action du Christ qu'en à cette fin actuelle du monde ? Daniel 12 : 1

« *En ce temps-là se lèvera Micaël, le grand chef, le défenseur des enfants de ton peuple ; et ce sera une époque de détresse, telle qu'il n'y en a point eu de semblable depuis que les nations existent jusqu'à cette époque. En ce temps-là, ceux de ton peuple qui seront trouvés inscrits dans le livre seront sauvés.* »

42. La Bible mentionne-t-elle le sacre de femmes au titre de Pasteur dans l'Eglise ? 1 Timothée 2 : 9 – 15

« *Je veux aussi que les femmes, vêtues d'une manière décente, avec pudeur et modestie, ne se parent ni de tresses, ni d'or, ni de perles, ni d'habits somptueux, mais qu'elles se parent de bonnes œuvres, comme il convient à des femmes qui font profession de servir Dieu. Que la femme écoute l'instruction en silence, avec une entière soumission. Je ne permets pas à la femme d'enseigner, ni de prendre de l'autorité sur l'homme ; mais elle doit demeurer dans le silence. Car Adam a été formé le premier, Eve ensuite ; et ce n'est pas Adam qui a été séduit, c'est la femme qui, séduite, s'est rendue coupable de transgression. Elle sera néanmoins sauvée en devenant mère, si elle persévère avec modestie dans la foi, dans la charité, et dans la sainteté.* »

Note: L'exemple de Joyce Mayer aux Etats Unies Deutéronome 22 : 5 « *Une femme ne portera point un habillement d'homme, et un homme ne mettra point des vêtements de femme ; car quiconque fait ces choses est en abomination à l'Éternel, ton Dieu.* »

43. Pour quoi la Bible parle-t-elle du don de Pasteur alors qu'il n'en existe aucune personne qui s'en fut nommée ainsi individuellement ?

Matthieu 23 : 1 – 11 « *Alors Jésus, parlant à la foule et à ses disciples, dit : Les scribes et les pharisiens sont assis dans la chaire de Moïse. Faites donc et observez tout ce qu'ils vous disent ; mais n'agissez pas selon leurs œuvres. Car ils disent, et ne font pas. Ils lient des fardeaux pesants, et les mettent sur les épaules des hommes, mais ils ne veulent pas les remuer du doigt. Ils font toutes leurs actions pour être vus des hommes. Ainsi, ils portent de larges phylactères, et ils ont de longues franges à leurs vêtements ; ils aiment la première place dans les festins, et les premiers sièges dans les synagogues ; ils aiment à être salués dans les places publiques, et à être appelés par les hommes Rabbi, Rabbi. Mais vous, ne vous faites pas appeler Rabbi ; car un seul est votre Maître, et vous êtes tous frères. Et n'appelez personne sur la terre votre père ; car un seul est votre*

Père, celui qui est dans les cieux. Ne vous faites pas appeler directeurs ; car un seul est votre Directeur, le Christ. Le plus grand parmi vous sera votre serviteur. »

44. Qu'est-ce qu'avoir le don de Pasteur au sens Biblique du terme ?

Actes 20 : 28 – 35 « *Prenez donc garde à vous-mêmes, et à tout le troupeau sur lequel le Saint Esprit vous a établis évêques, pour paître l'Église du Seigneur, qu'il s'est acquise par son propre sang.* »

45. A quelle personne était employé le terme Pasteur dans toutes les lettres des Apôtres ? Actes 20 : 28 - 35

« *Le Saint Esprit vous a établis évêques* » « *Paissez le troupeau* » 1 Pierre 5 : 2 – 4 « *sur ceux qui vous sont échus ... les modèles du troupeau.* »

46. Les Hommes peuvent-ils être appelés individuellement du titre de Pasteur à l'exemple de Jésus ? Matthieu 23 : 1 – 11

« *Ne vous faites pas appeler directeurs ; car un seul est votre Directeur, le Christ. Le plus grand parmi vous sera votre serviteur.* »

47. Combien de dons de ministère de la parole, Dieu donna-t-il à son Eglise ? 1 Corinthiens 12 : 18 – 31

« *Maintenant Dieu a placé chacun des membres dans le corps comme il a voulu. Si tous étaient un seul membre, où serait le corps ? Maintenant donc il y a plusieurs membres, et un seul corps. L'œil ne peut pas dire à la main : Je n'ai pas besoin de toi ; ni la tête dire aux pieds : Je n'ai pas besoin de vous. Mais bien plutôt, les membres du corps qui paraissent être les plus faibles sont nécessaires ; et ceux que nous estimons être les moins honorables du corps, nous les entourons d'un plus grand honneur. Ainsi nos membres les moins honnêtes reçoivent le plus d'honneur, tandis que ceux qui sont honnêtes n'en ont pas besoin. Dieu a disposé le corps de manière à donner plus d'honneur à ce qui en manquait, afin qu'il n'y ait pas de division dans le corps, mais que les membres aient également soin les uns des autres. Et si un membre souffre, tous les membres souffrent avec lui ; si un membre est honoré, tous les membres se réjouissent avec lui. Vous êtes le corps de Christ, et vous êtes ses membres, chacun pour sa part. Et Dieu a établi dans l'Église premièrement des apôtres, secondement des prophètes, troisièmement des docteurs, ensuite ceux qui ont le don des miracles, puis ceux qui ont les dons de guérir, de secourir, de gouverner, de parler diverses langues. Tous sont-ils apôtres ? Tous sont-ils prophètes ? Tous sont-ils docteurs ? Tous ont-ils le don des miracles ? Tous ont-ils le don des guérisons ? Tous parlent-ils en langues ? Tous interprètent-ils ? Aspirez aux dons les meilleurs. Et je vais encore vous montrer une voie par excellence.* »

L'ORDONNANCE BIBLIQUE ORGANISANT LE CULTE, OPPOSEE A L'ACTUEL CLERICALISME MONDAIN

48. « Que faire donc, frères ? 1 Corinthiens 14 : 26
Lorsque vous vous assemblez, les uns ou les autres parmi vous ont-ils un cantique, une instruction, une révélation, une langue, une interprétation, que tout se fasse pour l'édification. »

49. Quelle est la consigne de l'Apôtre Paul pour l'exercice du don de langue dans l'Eglise ? 1 Corinthiens 14 : 27
« *En est-il qui parlent en langue, que deux ou trois au plus parlent, chacun à son tour, et que quelqu'un interprète* »

50. Selon la Bible le don de langue et la prophétie, concernent respectivement quelle catégorie de personnes ? 1 Corinthiens 14 : 27
« *Par conséquent, les langues sont un signe, non pour les croyants, mais pour les non-croyants ; la prophétie, au contraire, est un signe, non pour les non-croyants, mais pour les croyants. Si donc, dans une assemblée de l'Église entière, tous parlent en langues, et qu'il survienne des hommes du peuple ou des non-croyants, ne diront-ils pas que vous êtes fous ? Mais si tous prophétisent, et qu'il survienne quelque non-croyant ou un homme du peuple, il est convaincu par tous, il est jugé par tous, les secrets de son cœur sont dévoilés, de telle sorte que, tombant sur sa face, il adorera Dieu, et publiera que Dieu est réellement au milieu de vous* »

51. Quelles sont les fausses conceptions de l'exercice du don de langue dans les Eglise contemporaines : 1 Corinthiens 14 : 2
« *En effet, celui qui parle en langue ne parle pas aux hommes, mais à Dieu, car personne ne le comprend, et c'est en esprit qu'il dit des mystères. Celui qui prophétise, au contraire, parle aux hommes, les édifie, les exhorte, les console. Celui qui parle en langue s'édifie lui-même ; celui qui prophétise édifie l'Église. Je désire que vous parliez tous en langues, mais encore plus que vous prophétisiez. Celui qui prophétise est plus grand que celui qui parle en langues, à moins que ce dernier n'interprète, pour que l'Église en reçoive de l'édification. Et maintenant, frères, de quelle utilité vous serais-je, si je venais à vous parlant en langues, et si je ne vous parlais pas par révélation, ou par connaissance, ou par prophétie, ou par doctrine ? Si les objets inanimés qui rendent un son, comme une flûte ou une harpe, ne rendent pas des sons distincts, comment reconnaîtra-t-on ce qui est joué sur la flûte ou sur la harpe ? Et si la trompette rend un son confus, qui se préparera au combat ? De même vous, si par la langue vous ne donnez pas une parole distincte, comment saura-t-on ce que vous dites ? Car vous parlerez en l'air. Quelque nombreuses que puissent être dans le monde les diverses langues, il n'en est aucune qui ne soit une langue inintelligible ; si donc je ne connais pas le sens de la langue, je serai un barbare pour celui qui parle, et celui qui parle sera un barbare pour moi. De même vous, puisque vous aspirez aux dons spirituels, que ce soit pour l'édification de l'Église que vous cherchiez à en posséder abondamment. C'est pourquoi, que celui qui parle en langue prie pour avoir le don d'interpréter. Car si je prie en langue, mon esprit est en prière, mais mon intelligence demeure stérile. Que faire donc ? Je prierai par l'esprit, mais je prierai aussi avec l'intelligence ; je chanterai par l'esprit, mais je chanterai aussi avec l'intelligence. Autrement, si tu rends grâces par l'esprit, comment celui qui est dans les rangs de l'homme du peuple répondra-t-il Amen ! à ton action de grâces, puisqu'il ne sait pas ce que tu dis ? Tu rends, il est vrai, d'excellentes actions de grâces, mais*

l'autre n'est pas édifié. Je rends grâces à Dieu de ce que je parle en langue plus que vous tous ; mais, dans l'Église, j'aime mieux dire cinq paroles avec mon intelligence, afin d'instruire aussi les autres, que dix mille paroles en langue. Frères, ne soyez pas des enfants sous le rapport du jugement ; mais pour la malice, soyez enfants, et, à l'égard du jugement, soyez des hommes faits. »

52. Dans quelles conditions ne pas parler en langue ? *1 Corinthiens 14 : 28 – 29* « *S'il n'y a point d'interprète, qu'on se taise dans l'Église, et qu'on parle à soi-même et à Dieu. Pour ce qui est des prophètes, que deux ou trois parlent, et que les autres jugent ; et si un autre qui est assis a une révélation, que le premier se taise.* »

53. Comment devrait-on exercer le don de prophétie dans l'Eglise selon la Bible ? *1 Corinthiens 14 : 31 – 32*
« *Car vous pouvez tous prophétiser successivement, afin que tous soient instruits et que tous soient exhortés. Les esprits des prophètes sont soumis aux prophètes* »

54. S'écarter des saintes consignes du culte, conduirait à quels risques selon Dieu ? *1 Corinthiens 14 : 33 – 34*
« *Car Dieu n'est pas un Dieu de désordre, mais de paix. Comme dans toutes les Églises des saints, que les femmes se taisent dans les assemblées, car il ne leur est pas permis d'y parler ; mais qu'elles soient soumises, selon que le dit aussi la loi.* »

55. Les femmes, sœurs chrétiennes ont-elles droit au chapitre dans le culte chrétien ? *1 Corinthiens 14 : 35 – 40*
« *Si elles veulent s'instruire sur quelque chose, qu'elles interrogent leurs maris à la maison ; car il est malséant à une femme de parler dans l'Église. Est-ce de chez vous que la parole de Dieu est sortie ? Ou est-ce à vous seuls qu'elle est parvenue ? Si quelqu'un croit être prophète ou inspiré, qu'il reconnaisse que ce que je vous écris est un commandement du Seigneur. Et si quelqu'un l'ignore, qu'il l'ignore. Ainsi donc, frères, aspirez au don de prophétie, et n'empêchez pas de parler en langues. Mais que tout se fasse avec bienséance et avec ordre.* »

L'ABANDON DU DECALOGUE LES (DIX COMMANDEMENTS) PAR CES EGLISES

Exode 16 : 28 « *Alors l'Éternel dit à Moïse : Jusques à quand refuserez-vous d'observer mes commandements et mes lois ?* »

Note: Etablir le parallèle entre les commandements de Dieu, les lois et ordonnances de culte pour bien démontrer la différence entre les trois. On lit encore dans Lévitique 26 : 15 « *si vous méprisez mes lois, et si votre âme a en horreur mes ordonnances, en sorte que vous ne pratiquiez point tous mes commandements et que vous rompiez mon alliance* »

56. Mais qu'est-ce qu'une loi ?

Note: Dieu donna sa force afin que le peuple incline son cœur vers lui, et qu'il marche dans toutes ses voies. *1 Roi 8 : 58*

« *Que nous observions ses commandements, ses lois et ses ordonnances, qu'il a prescrits à nos pères !* »

57. Qu'appelait-on " Tables de l'alliance" ? Hébreux 9 : 10
« *Il y avait dans l'arche un vase d'or contenant la manne, la verge d'Aaron, qui avait fleuri, et les tables de l'alliance.* »
Note: Exode 34 : 1
« *L'Éternel dit à Moïse : Taille deux tables de pierre comme les premières, et j'y écrirai les paroles qui étaient sur les premières tables que tu as brisées.* »

Dans le Lieu Très Saint, il n'y avait qu'un seul meuble, l'**Arche de l'alliance** (Exode 25 : 10-22). Au-dessus on y voyait deux anges en or. C'est entre les deux anges que se manifestait la présence de Dieu. Dans l'arche, se trouvaient les deux tables sur lesquelles étaient écrits les dix commandements. Ces tables étaient de pierres ; (Deutéronome 10 : 4-5). L'arche représentait à la fois la miséricorde et la loi. La loi doit être respectée, mais Dieu a pourvu à la miséricorde pour celui qui transgresse la loi.

58. Mais de quelle loi s'agit-il ?

Note: 2 Corinthiens 3 : 3
« *Vous êtes manifestement une lettre de Christ, écrite, par notre ministère, non avec de l'encre, mais avec l'Esprit du Dieu vivant, non sur des tables de pierre, mais sur des tables de chair, sur les cœurs.* » 2 Corinthiens 3 : 4 « *Cette assurance-là, nous l'avons par Christ auprès de Dieu.* »

« Tu n'auras pas d'autres dieux devant ma face. »

Les premières paroles de Dieu, ses dix commandements, bien que transcrites directement de Lui, connaissent de multitudes interprétations et diverses doctrines émanant de ces codes de la communion d'avec son peuple. La dérive la plus populaire d'entre toute, est celle de la doctrine sur la Trinité. D'essence catholique, cette doctrine originellement païenne, fût importée des croyances hindouistes d'Orient, comportant entre autre le culte Marial, la dévotion au dieu soleil, des prières adressées aux anges et à divers esprits. Ce qui contraste avec l'exclusivité d'adoration réservée au Dieu d'Israël, le seul Dieu invisible YAHWEH, dont la loi mosaïque a expressément stipulée en ses Dix Commandements, son unicité.

Dès le préambule du décalogue, on découvre aisément la particularité réservée à la Personne de son Auteur : l'adoration lui est due par ce peuple sémite, qu'il a récemment libéré de l'Egypte polythéiste.

Au risque de toute dérive, selon les épitres de Jean qui rappellent dans ces saintes lettres, 1 Jean 3 : 18 – 19, 1 Jean 4 : 1 – 6, ce que la nature de Jésus, par ailleurs devenue Homme, annonce des enjeux d'une apostasie doctrinaire, conséquence de la perdition du monde qui s'est mis à croire en un Jésus-Christ qui serait d'essence et en même temps de nature divine. Car selon le "CREDO " de la Babylone spirituelle, il (Jésus-Christ) serait Dieu, né du Vrai Dieu, engendré non pas crée, de même nature que Le Père...". Pourtant la bible est claire sur les enjeux de cette doctrine portant sur la nature de Jésus. 2 jean 1 : 7 « *Car plusieurs séducteurs sont entrés dans le monde, qui ne confessent point que Jésus Christ est venu en chair. Celui qui est tel, c'est le séducteur et l'antéchrist.* » Dérives que les Hommes ont commencées d'amorcer depuis les temps apostoliques, jusqu'à la conclusion de l'histoire du monde, lorsque est apparu sur la scène internationale, l'être que la Bible a qualifié « d'*Abomination de la désolation* », « d'*Homme impie* », de « *Méchant* », «d'*Adversaire de Dieu* », tout simplement de « *''666''* ».

Les doctrines perverses et sataniques, qui ont perdu le Monde spirituel de la chrétienté depuis la montée de cet homme pervers, sont mises à l'actif de cette même personnalité, qui du moins se réclame avec cynisme d'en faire partie et d'y être même à la tête des apôtres comme **"Successeur De Pierre"**, **"Vicaire Du Fils De Dieu"**, **"Chef d'Etat"**, puis finalement « *comme Dieu Lui-même sur terre en s'autoproclamant comme tel dans l'Eglise, juste avant le retour du Christ, imposant la marque du chiffre spirituelle ''666'' à tous les habitants de la terre!* » 2 Théssaloniciens 2 : 3 - 7 et Apocalypse 13 : 1 – 18.

59. Comment Dieu parla-t-il à son peuple autrefois ? Deutéronome 4 : 12
« *Et l'Éternel vous parla du milieu du feu ; vous entendîtes le son des paroles, mais vous ne vîtes point de figure, vous n'entendîtes qu'une voix.* »
Note: D'après ce texte, on pourrait être porté à croire que Dieu s'adressa à son peuple directement !

60. Qu'en est-il alors ? Actes 7 : 30 - 32
« *Quarante ans plus tard, un ange lui apparut, au désert de la montagne de Sinaï, dans la flamme d'un buisson en feu. Moïse, voyant cela, fut étonné de cette apparition ; et, comme il s'approchait pour examiner, la voix du Seigneur se fit entendre : Je suis le Dieu de tes pères, le Dieu d'Abraham, d'Isaac et de Jacob. Et Moïse, tout tremblant, n'osait regarder.* »

61. Le Dieu de la Bible peut-il être vu directement par un Homme ?
Exode 33 : 20 « *L'Éternel dit : Tu ne pourras pas voir ma face, car l'homme ne peut me voir et vivre.* »

L'OBSERVATION DU DIMANCHE BABYLONIEN, CONTRE LE SABBAT BIBLIQUE DU SAMEDI

Note : Le jour de sabbat déjà changé ou mal observé par toutes les communautés de la terre.

62. Dieu avait-il permis à son peuple de reconnaitre son jour de repos, et de communion avec Lui exclusivement ? Exode 16 : 4 – 5
« *L'Éternel dit à Moïse : Voici, je ferai pleuvoir pour vous du pain, du haut des cieux. Le peuple sortira, et en ramassera, jour par jour, la quantité nécessaire, afin que je le mette à l'épreuve, et que je voie s'il marchera, ou non, selon ma loi. Le sixième jour, lorsqu'ils prépareront ce qu'ils auront apporté, il s'en trouvera le double de ce qu'ils ramasseront jour par jour.* »

63. Combien d'années ont duré les épreuves d'observation du Sabbat par le peuple dans le désert ? Josué 5 : 6
« *Car les enfants d'Israël avaient marché quarante ans dans le désert.* »

64. Au temps d'Ezéchiel quel était le souci de Dieu ? Ezéchiel 22 : 26
« *Ses sacrificateurs violent ma loi et profanent mes sanctuaires, ils ne distinguent pas ce qui est saint de ce qui est profane, ils ne font pas connaître la différence entre ce qui est impur et ce qui est pur, ils détournent les yeux de mes sabbats, et je suis profané au milieu d'eux.* »
Note: Cela arrive encore aujourd'hui. Plusieurs chefs religieux disent : « *Il y a aucune différence entre le Sabbat et le dimanche* ». *Mais, Dieu répète toujours :* « *Tu dédaignes mes sanctuaires, tu profanes mes Sabbats* » *(Ezéchiel 22 : 8)*

65. Que dit Dieu à propos des tentatives de changer sa loi ? Deutéronome 4 : 2
« *Vous n'ajouterez rien à ce que je vous prescris, et vous n'en retrancherez rien ; mais vous observerez les commandements de l'Éternel, votre Dieu, tels que je vous les prescris.* »
Note: Les Eglises populaires sont embarrassées car, comme nous l'avons vu précédemment, virtuellement toutes les Eglises admettent dans leurs textes officiels qu'il y a aucun message dans les écritures en faveur de la sainteté du dimanche.

66. D'où provenait l'origine du culte du dimanche ?
Note: De la Rome païenne. Elle appelait le 1 er jour de la semaine, le dimanche. Traduit en anglais par SUNDAY qui veut dire littéralement Jour du Soleil.

67. Et quel est le rapport direct entre le SOLEIL et le culte du dimanche originaire de Rome ?
Note: Le "Dies Solis". Le "dieu soleil", que Rome adorait avant sa mutation au culte catholique en sa forme actuelle, qui en est advenu de la divinité officielle de l'Eglise de Rome. Une fois le sanctuaire d'Italie, construit à Rome, l'impact sur la suite des commandements de Dieu, notamment celui du Sabbat entrainait la profanation du SAINT SABBAT DE DIEU ! Faisant ainsi du "dieu Soleil", le dieu de l'empire sous le règne de son Empereur Constantin. En prenant officiellement ces quartiers généraux dans la cité du VATICAN en 538 selon plusieurs sources historiques, avec pour solennité d'adoration le DIMANCHE. Le dimanche est mieux traduit par l'anglicisme SUNDAY qui signifie "JOUR du SOLEIL", qui s'opposa au SABBAT du SAMEDI. Evidemment à l'origine du prétexte de la nouvelle doctrine, Rome évoquait le dimanche comme jour où le Seigneur fut ressuscité, et conféra la solennité du dimanche d'origine romain, à une volonté divine, une fois le mariage satanique entre les doctrines païennes et les prétendues similitudes entre la résurrection de Jésus le dimanche. Pourtant la volonté parfaite de Dieu qui ne souffrent d'aucune ambigüité dans les tables de l'Alliance, les Dix Commandements déclare bien : « *Souviens-toi du jour du repos, pour le sanctifier.* Nous disons en résumé que la profanation du seul jour éternellement saint qu'est le SABBAT du SAMEDI, est non seulement une volonté malsaine de défier Dieu à travers les dix commandements comme Rome sait le faire si bien, mais qu'il est l'explication certaine de l'application de signe de la Bête sur la main, comme

conséquence de la perdition éternelle des âmes, pour avoir poursuivis des intérêts mercantiles au lieu du DIEU VIVANT. La Bible avertit que tous les habitants du monde vont le prendre. Apocalypse (Voir les trois thèmes abordés y consacrant le sujet du "666 " de cette série, c'est-à-dire les Thèmes N° **4, 5** et **6** de la présente collection **" Que Celui Qui Lit Fasse Attention ! "**

1. **Le Grand Signe de la Bête, le (666) révélé.**
2. **Comment les Hommes ont-ils déjà pris le (666) le Signe de la Bête sur le Front ?**
3. **Comment les Hommes ont-ils déjà pris le (666) le Signe de la Bête sur la Main ?**

68. L'observance du Dimanche comme jour de Sabbat en remplacement du Samedi, ne serait-il pas en lien avec la marque du "666" sur la main ? Ezéchiel 20 : 10 – 12

« Et je les fis sortir du pays d'Égypte, et je les conduisis dans le désert. Je leur donnai mes lois et leur fis connaître mes ordonnances, que l'homme doit mettre en pratique, afin de vivre par elles. Je leur donnai aussi mes sabbats comme un signe entre moi et eux, pour qu'ils connussent que je suis l'Éternel qui les sanctifie. »

L'ORDONNANCE DU MARIAGE BIBLIQUE

69. Où était-il célébré les mariages chrétiens : Eglise ou famille ?

1 Corinthiens 7 : 36 - 38 *« Si quelqu'un regarde comme déshonorant pour sa fille de dépasser l'âge nubile, et comme nécessaire de la marier, qu'il fasse ce qu'il veut, il ne pèche point ; qu'on se marie. Mais celui qui a pris une ferme résolution, sans contrainte et avec l'exercice de sa propre volonté, et qui a décidé en son cœur de garder sa fille vierge, celui-là fait bien. Ainsi, celui qui marie sa fille fait bien, et celui qui ne la marie pas fait mieux. »*

70. Le mariage célébré par les familles obéit-il à un commandement de Dieu ? Lequel ?

Note: Le Cinquième commandement ordonne expressément d'honorer nos parents. *« Honore ton père et ta mère, afin que tes jours se prolongent dans le pays que l'Éternel, ton Dieu, te donne. »*

Note: Les termes *« honneur »* adressés à l'intention des parents, peuvent-ils faire allusion à une autre pensée que celle évoquant le respect ? Laquelle ? Mathieu 7 : 5-13 *« Et les pharisiens et les scribes lui demandèrent : Pourquoi tes disciples ne suivent-ils pas la tradition des anciens, mais prennent-ils leurs repas avec des mains impures ? Jésus leur répondit : Hypocrites, Ésaïe a bien prophétisé sur vous, ainsi qu'il est écrit : Ce peuple m'honore des lèvres, Mais son cœur est éloigné de moi. C'est en vain qu'ils m'honorent, En donnant des préceptes qui sont des commandements d'hommes. Vous abandonnez le commandement de Dieu, et vous observez la tradition des hommes. Il leur dit encore : Vous anéantissez fort bien le commandement de Dieu, pour garder votre tradition. Car Moïse a dit : Honore ton père et ta mère ; et : Celui qui maudira son père ou sa mère sera puni de mort. Mais vous, vous dites : Si un homme dit à son père ou à sa mère : Ce dont j'aurais pu t'assister est corban, c'est-à-dire, une offrande à Dieu, vous ne le laissez plus rien faire pour son père ou pour sa mère, annulant ainsi* *la parole de Dieu par votre tradition, que vous avez établie. Et vous faites beaucoup d'autres choses semblables.* »

Note: Paul déclare également que l'honneur peut faire référence à une aide financière. Vérifions ! 1 Timothée 5 : 17 - 18 « *Que les anciens qui dirigent bien soient jugés dignes d'un double honneur, surtout ceux qui travaillent à la prédication et à l'enseignement. Car l'Écriture dit : Tu n'emmuselleras point le bœuf quand il foule le grain. Et l'ouvrier mérite son salaire.* »

Quelques domaines principaux dans lesquels l'honneur dû aux parents, interpellent le chrétien qui est soucieux du respect des commandements de Dieu :

a) LE MARIAGE pour la jeune fille. 1 Corinthiens 7 : 36- 38 « *Si quelqu'un regarde comme déshonorant pour sa fille de dépasser l'âge nubile, et comme nécessaire de la marier, qu'il fasse ce qu'il veut, il ne pèche point ; qu'on se marie. Mais celui qui a pris une ferme résolution, sans contrainte et avec l'exercice de sa propre volonté, et qui a décidé en son cœur de garder sa fille vierge, celui-là fait bien. Ainsi, celui qui marie sa fille fait bien, et celui qui ne la marie pas fait mieux.* »

b) DE LA MAUVAISE INTERPRETATION DOCTRINALE envers ceux-ci. 2 Corinthiens 12 : 14 « *Voici, pour la troisième fois je suis prêt à aller chez vous, et je ne vous serai point à charge ; car ce ne sont pas vos biens que je cherche, c'est vous-mêmes. Ce n'est pas, en effet, aux enfants à amasser pour leurs parents, mais aux parents pour leurs enfants.* »

71. Que prédit la Bible sur l'abandon de la foi des croyants envers leurs parents à la fin des temps ? 2 Timothée 3 : 1 - 9

« *Sache que, dans les derniers jours, il y aura des temps difficiles. Car les hommes seront égoïstes, amis de l'argent, fanfarons, hautains, blasphémateurs, rebelles à leurs parents, ingrats, irréligieux, insensibles, déloyaux, calomniateurs, intempérants, cruels, ennemis des gens de bien, traîtres, emportés, enflés d'orgueil, aimant le plaisir plus que Dieu, ayant l'apparence de la piété, mais reniant ce qui en fait la force. Éloigne-toi de ces hommes-là. Il en est parmi eux qui s'introduisent dans les maisons, et qui captivent des femmes d'un esprit faible et borné, chargées de péchés, agitées par des passions de toute espèce, apprenant toujours et ne pouvant jamais arriver à la connaissance de la vérité. De même que Jannès et Jambrès s'opposèrent à Moïse, de même ces hommes s'opposent à la vérité, étant corrompus d'entendement, réprouvés en ce qui concerne la foi. Mais ils ne feront pas de plus grands progrès ; car leur folie sera manifeste pour tous, comme le fut celle de ces deux hommes.* »

72. Les habitudes vestimentaires surtout celles du genre féminin qui traduit toute la légèreté dans le culte selon lequel les chrétiens devraient rendre à Dieu un culte en toute circonstance. Deutéronome 22 : 5

« *Une femme ne portera point un habillement d'homme, et un homme ne mettra point des vêtements de femme ; car quiconque fait ces choses est en abomination à l'Éternel, ton Dieu.* »

73. L'avarice prononcée contre l'assistance financière envers la propagation de la parole de Dieu. 2 Corinthiens 9 : 5 – 12

« *J'ai donc jugé nécessaire d'inviter les frères à se rendre auparavant chez vous, et à s'occuper de votre libéralité déjà promise, afin qu'elle soit prête, de manière à être une libéralité, et non un acte d'avarice. Sachez-le, celui qui sème peu moissonnera peu, et celui qui sème abondamment moissonnera abondamment. Que chacun donne comme il l'a résolu en son cœur, sans tristesse ni contrainte ; car Dieu aime celui qui donne avec joie. Et Dieu peut vous combler de toutes sortes de grâces, afin que, possédant toujours en toutes choses de quoi satisfaire à tous vos besoins, vous ayez encore en abondance pour toute bonne œuvre, selon qu'il est écrit : Il a fait des largesses, il a donné aux indigents ; Sa justice subsiste à jamais. Celui qui Fournit de la semence au semeur, Et du pain pour sa nourriture, vous fournira et vous multipliera la semence, et il augmentera les fruits de votre justice. Vous serez de la sorte enrichis à tous égards pour toute espèce de libéralités qui, par notre moyen, feront offrir à Dieu des actions de grâces. Car le secours de cette assistance non seulement pourvoit aux besoins des saints, mais il est encore une source abondante de nombreuses actions de grâces envers Dieu.* »

74. L'abandon de la forme de prise de la sainte scène qui était selon les saintes écritures autour d'un repas que partageaient toutes les familles réunies ensembles avec le lavement des pieds, renforçant ainsi la charité entre les Frères chrétiens.

- 1 Corinthiens 11 : 18 – 22 « *Et d'abord, j'apprends que, lorsque vous vous réunissez en assemblée, il y a parmi vous des divisions, -et je le crois en partie, car il faut qu'il y ait aussi des sectes parmi vous, afin que ceux qui sont approuvés soient reconnus comme tels au milieu de vous. - Lors donc que vous vous réunissez, ce n'est pas pour manger le repas du Seigneur ; car, quand on se met à table, chacun commence par prendre son propre repas, et l'un a faim, tandis que l'autre est ivre. N'avez-vous pas des maisons pour y manger et boire ? Ou méprisez-vous l'Église de Dieu, et faites-vous honte à ceux qui n'ont rien ? Que vous dirai-je ? Vous louerai-je ? En cela je ne vous loue point.* »
- 1 Timothée 5 : 8 - 10 « *Si quelqu'un n'a pas soin des siens, et principalement de ceux de sa famille, il a renié la foi, et il est pire qu'un infidèle. Qu'une veuve, pour être inscrite sur le rôle, n'ait pas moins de soixante ans, qu'elle ait été femme d'un seul mari, qu'elle soit recommandable par de bonnes œuvres, ayant élevé des enfants, exercé l'hospitalité, lavé les pieds des saints, secouru les malheureux, pratiqué toute espèce de bonne œuvre.* »

CES BATIMENTS APPELES EGLISES !

75. Jésus ordonna-t-il la construction de bâtiments appelés églises ?

Esaïe 66 : 1 -2 « *Ainsi parle l'Éternel : Le ciel est mon trône, Et la terre mon marchepied. Quelle maison pourriez-vous me bâtir, Et quel lieu me donneriez-vous pour demeure ? Toutes ces choses, ma main les a faites, Et toutes ont reçu l'existence, dit l'Éternel. Voici sur qui je porterai mes regards : Sur celui qui souffre et qui a l'esprit abattu, Sur celui qui craint ma parole.* »

76. Où habite l'Esprit de Dieu ? Dans le cœur de l'Homme ou dans ces bâtiment appelées Eglises ? 1 Pierre 2 : 3 - 9

« *Si vous avez goûté que le Seigneur est bon. Approchez-vous de lui, pierre vivante, rejetée par les hommes, mais choisie et précieuse devant Dieu ; et vous-mêmes, comme des pierres vivantes, édifiez-vous pour former une maison spirituelle, un saint sacerdoce, afin d'offrir des victimes spirituelles, agréables à Dieu par Jésus Christ. Car il est dit dans l'Écriture : Voici, je mets en Sion une pierre angulaire, choisie, précieuse ; Et celui qui croit en elle ne sera point confus. L'honneur est donc pour vous, qui croyez. Mais, pour les incrédules, La pierre qu'ont rejetée ceux qui bâtissaient Est devenue la principale de l'angle, Et une pierre d'achoppement Et un rocher de scandale ; ils s'y heurtent pour n'avoir pas cru à la parole, et c'est à cela qu'ils sont destinés. Vous, au contraire, vous êtes une race élue, un sacerdoce royal, une nation sainte, un peuple acquis, afin que vous annonciez les vertus de celui qui vous a appelés des ténèbres à son admirable lumière* »

77. Les cinq dons de ministères de la parole qui sont méconnus de l'Eglise aujourd'hui en raison de l'abomination de la désolation et de l'esprit d'égarement qui aveugle le peuple de Dieu.

TOUT L'ARSENAL FARFELUS DES OBJETS DECORATIF ADJOINTS AU CULTE BABYLONIEN

78. La Croix ou bois ?

Galates 3 : 13 - 14 « *Christ nous a rachetés de la malédiction de la loi, étant devenu malédiction pour nous-car il est écrit : Maudit est quiconque est pendu au bois, - afin que la bénédiction d'Abraham eût pour les païens son accomplissement en Jésus Christ, et que nous reçussions par la foi l'Esprit qui avait été promis.* »

ENCORE DES VETEMENTS SACERDOTAUX !

(Accoutrement vestimentaire religieux : La Myrte Episcopale (chapeau des évêques) La Crosse Episcopale (Bâton épiscopal) Les Bagues De Cultes ou de fonctions épiscopales)

79. Jésus recommanda-t-il le port du clergyman ? Matthieu 23 : 1 – 11

« *Alors Jésus, parlant à la foule et à ses disciples, dit : Les scribes et les pharisiens sont assis dans la chaire de Moïse. Faites donc et observez tout ce qu'ils vous disent ; mais n'agissez pas selon leurs œuvres. Car ils disent, et ne font pas. Ils lient des fardeaux pesants, et les mettent sur les épaules des hommes, mais ils ne veulent pas les remuer du doigt. Ils font toutes leurs actions pour être vus des hommes. Ainsi, ils portent de larges phylactères, et ils ont de longues franges à leurs vêtements »*

80. Le calendrier Gréco-romain contribue-t-il ou est-il une obstruction au contraire à la compréhension des saintes écritures ? Daniel 7 : 25 *« Il prononcera des paroles contre le Très Haut, il opprimera les saints du Très Haut, et il espérera changer les temps et la loi ; et les saints seront livrés entre ses mains pendant un temps, des temps, et la moitié d'un temps. »*

81. Des fêtes païennes, peuvent-elles être célébrées au sein de la chrétienté sans conséquences malsaines ?

Noël : est selon les communautés populistes de la chrétienté permissive une festivité prétendument consacrant la naissance de Jésus-Christ. Pourtant les dates de cette fête et les motifs de la célébration ne furent par ailleurs jamais mentionnés par les apôtres. Mais cette tradition remonte aux temps romain par des manifestations de réjouissance populaires de la célébration du jour consacré au dieu soleil selon la divinité officielle de l'empire. Elle prit la forme anglicane découle de l'anglicisme du nom composé No et ël soit Non à ël, entendu ël étant le signifie littéralement Non à ël sachant que El est un préfix attribué à Dieu. Donc en anglais No To ël, c'est-à-dire NON à DIEU

La pacque : elle peut être arrimée comme célébration cultuelle à l'occasion à la date correspondant à la mort de Jésus tel que la célèbre la grande majorité de la chrétienté. Cependant le côté festif et l'immolation d'animaux est en total disgrâce avec l'esprit du sacrifice de Jésus. Car le faire en souvenir dès la gastronomie qui était préparée en souvenir de la pâque juive et non plus en celui de la mort du Fils de Dieu, devient pour quiconque une assimilation aux pratiques païennes. A cet effet le caractère d'immolation d'animaux de quelques natures peut s'apparenté au paganisme babylonien ou culte idolâtrique des communautés non chrétiennes à une tierce pratique a profanation du sang de la grâce de Jésus par la célébration des Pacques festives avec immolation d'animaux ce jour en souvenir de la pacques chrétienne de Jésus.
1 Corinthiens 5 : 7 - 13 *« Faites disparaître le vieux levain, afin que vous soyez une pâte nouvelle, puisque vous êtes sans levain, car Christ, notre Pâque, a été immolé. Célébrons donc la fête, non avec du vieux levain, non avec un levain de malice et de méchanceté, mais avec les pains sans levain de la pureté et de la vérité. Je vous ai écrit dans ma lettre de ne pas avoir des relations avec les impudiques, - non pas d'une manière absolue avec les impudiques de ce monde, ou avec les cupides et les ravisseurs, ou avec les idolâtres ; autrement, il vous faudrait sortir du monde. Maintenant, ce que je vous ai écrit, c'est de ne pas avoir des relations avec quelqu'un qui, se nommant frère, est impudique, ou cupide, ou idolâtre, ou outrageux, ou ivrogne, ou ravisseur, de ne pas même manger avec un tel homme. Qu'ai-je, en effet, à juger ceux du dehors ? N'est-ce pas ceux du dedans que vous avez à juger ? Pour ceux du dehors, Dieu les juge. Otez le méchant du milieu de vous. »*

82. L'Assomption de Marie est-elle bibliquement fondée ?

1 Timothée 2 : 15 – 19 « *Efforce-toi de te présenter devant Dieu comme un homme éprouvé, un ouvrier qui n'a point à rougir, qui dispense droitement la parole de la vérité. Évite les discours vains et profanes ; car ceux qui les tiennent avanceront toujours plus dans l'impiété, et leur parole rongera comme la gangrène. De ce nombre sont Hyménée et Philète, qui se sont détournés de la vérité, disant que la résurrection est déjà arrivée, et qui renversent la foi de quelques-uns. Néanmoins, le solide fondement de Dieu reste debout, avec ces paroles qui lui servent de sceau : Le Seigneur connaît ceux qui lui appartiennent ; et : Quiconque prononce le nom du Seigneur, qu'il s'éloigne de l'iniquité.* »

83. L'Ascension de Jésus est-elle une recommandation festive du Christ ou de ces apôtres ? Actes 1 : 6 – 14

« *Alors les apôtres réunis lui demandèrent : Seigneur, est-ce en ce temps que tu rétabliras le royaume d'Israël ? Il leur répondit : Ce n'est pas à vous de connaître les temps ou les moments que le Père a fixés de sa propre autorité. Mais vous recevrez une puissance, le Saint Esprit survenant sur vous, et vous serez mes témoins à Jérusalem, dans toute la Judée, dans la Samarie, et jusqu'aux extrémités de la terre. Après avoir dit cela, il fut élevé pendant qu'ils le regardaient, et une nuée le déroba à leurs yeux. Et comme ils avaient les regards fixés vers le ciel pendant qu'il s'en allait, voici, deux hommes vêtus de blanc leur apparurent, et dirent : Hommes Galiléens, pourquoi vous arrêtez-vous à regarder au ciel ? Ce Jésus, qui a été enlevé au ciel du milieu de vous, viendra de la même manière que vous l'avez vu allant au ciel. Alors ils retournèrent à Jérusalem, de la montagne appelée des oliviers, qui est près de Jérusalem, à la distance d'un chemin de sabbat. Quand ils furent arrivés, ils montèrent dans la chambre haute où ils se tenaient d'ordinaire ; c'étaient Pierre, Jean, Jacques, André, Philippe, Thomas, Barthélemy, Matthieu, Jacques, fils d'Alphée, Simon le Zélote, et Jude, fils de Jacques. Tous d'un commun accord persévéraient dans la prière, avec les femmes, et Marie, mère de Jésus, et avec les frères de Jésus.* »

84. Des chorales mondaines et musiques prétendument chrétiennes, à qui rendent rendent-elle gloire ? Dieu ou elles-mêmes ?

Esaïe 4 : 1 « *Et sept femmes saisiront en ce jour un seul homme, et diront : Nous mangerons notre pain, Et nous nous vêtirons de nos habits ; Fais-nous seulement porter ton nom ! Enlève notre opprobre !* »

85. Le pacte des Eglises babyloniennes d'avec les Institutions étatiques séculières de la mondanité diabolique, bientôt à quoi s'attendre?

Actes 4 : 24 – 28 « *Lorsqu'ils l'eurent entendu, ils élevèrent à Dieu la voix tous ensemble, et dirent : Seigneur, toi qui as fait le ciel, la terre, la mer, et tout ce qui s'y trouve, c'est toi qui as dit par le Saint Esprit, par la bouche de notre père, ton serviteur David : Pourquoi ce tumulte parmi les nations, Et ces vaines pensées parmi les peuples ? Les rois de la terre se sont soulevés, Et les princes se sont ligués Contre le Seigneur et contre son Oint. En effet, contre ton saint serviteur Jésus, que tu as oint, Hérode et Ponce Pilate se sont ligués dans cette ville avec les nations et avec les peuples d'Israël, pour faire tout ce que ta main et ton conseil avaient arrêté d'avance.* »

86. La Simonie est-elle une marque déposée du Diable ? Actes 8 : 6 – 24

« *Les foules tout entières étaient attentives à ce que disait Philippe, lorsqu'elles apprirent et virent les miracles qu'il faisait. Car des esprits impurs sortirent de plusieurs démoniaques, en poussant de grands cris, et beaucoup de paralytiques et de boiteux furent guéris. Et il y eut une grande joie dans cette ville. Il y avait auparavant dans la ville un homme nommé Simon, qui, se donnant pour un personnage important, exerçait la magie et provoquait l'étonnement du peuple de la Samarie. Tous, depuis le plus petit jusqu'au plus grand, l'écoutaient attentivement, et disaient : Celui-ci est la puissance de Dieu, celle qui s'appelle la grande. Ils l'écoutaient attentivement, parce qu'il les avait longtemps étonnés par ses actes de magie. Mais, quand ils eurent cru à Philippe, qui leur annonçait la bonne nouvelle du royaume de Dieu et du nom de Jésus Christ, hommes et femmes se firent baptiser. Simon lui-même crut, et, après avoir été baptisé, il ne quittait plus Philippe, et il voyait avec étonnement les miracles et les grands prodiges qui s'opéraient. Les apôtres, qui étaient à Jérusalem, ayant appris que la Samarie avait reçu la parole de Dieu, y envoyèrent Pierre et Jean. Ceux-ci, arrivés chez les Samaritains, prièrent pour eux, afin qu'ils reçussent le Saint Esprit. Car il n'était encore descendu sur aucun d'eux ; ils avaient seulement été baptisés au nom du Seigneur Jésus. Alors Pierre et Jean leur imposèrent les mains, et ils reçurent le Saint Esprit. Lorsque Simon vit que le Saint Esprit était donné par l'imposition des mains des apôtres, il leur offrit de l'argent, en disant : Accordez-moi aussi ce pouvoir, afin que celui à qui j'imposerai les mains reçoive le Saint Esprit. Mais Pierre lui dit : Que ton argent périsse avec toi, puisque tu as cru que le don de Dieu s'acquérait à prix d'argent ! Il n'y a pour toi ni part ni lot dans cette affaire, car ton cœur n'est pas droit devant Dieu. Repens-toi donc de ta méchanceté, et prie le Seigneur pour que la pensée de ton cœur te soit pardonnée, s'il est possible ; car je vois que tu es dans un fiel amer et dans les liens de l'iniquité. Simon répondit : Priez vous-mêmes le Seigneur pour moi, afin qu'il ne m'arrive rien de ce que vous avez dit.* »

87. Les pactes sectaires avec les institutions diaboliques : Rose Croix ou Franc Maçonnerie, quels impactes ont-elles sur votre spiritualité ?
Actes 19 : 18 – 20 « *Plusieurs de ceux qui avaient cru venaient confesser et déclarer ce qu'ils avaient fait. Et un certain nombre de ceux qui avaient exercé les arts magiques, ayant apporté leurs livres, les brûlèrent devant tout le monde : on en estima la valeur à cinquante mille pièces d'argent. C'est ainsi que la parole du Seigneur croissait en puissance et en force.* »

88. Le Chemin de croix (Confer l'usage de la cendre et des ossements humains dans le culte diabolique au début du carême Catholique), pour quelle fin ? 1 Corinthiens 4 : 6
« *C'est à cause de vous, frères, que j'ai fait de ces choses une application à ma personne et à celle d'Apollos, afin que vous appreniez en nos personnes à ne pas aller au-delà de ce qui est écrit, et que nul de vous ne conçoive de l'orgueil en faveur de l'un contre l'autre.* »

89. La proximité satanique des cimetières catholiques d'avec les lieux de cultes sont-elles à dessein ? Apocalypse 18 : 11 – 18
« *Et les marchands de la terre pleurent et sont dans le deuil à cause d'elle, parce que personne n'achète plus leur cargaison, cargaison d'or, d'argent, de pierres précieuses, de perles, de fin lin, de pourpre, de soie, d'écarlate, de toute espèce de bois de senteur, de toute espèce d'objets d'ivoire, de toute espèce d'objets en bois très précieux, en airain, en fer et en marbre, de cinnamome, d'aromates, de parfums, de myrrhe, d'encens, de vin, d'huile, de fine farine, de blé, de bœufs, de brebis, de chevaux, de chars, de corps et d'âmes d'hommes. Les fruits que désirait ton âme sont allés loin de toi ; et toutes les choses délicates et magnifiques sont perdues pour toi, et tu ne les retrouveras plus. Les marchands de ces choses, qui se sont enrichis par elle, se tiendront éloignés, dans la crainte de son tourment ; ils pleureront et seront dans le deuil, et diront : Malheur !*

Malheur ! La grande ville, qui était vêtue de fin lin, de pourpre et d'écarlate, et parée d'or, de pierres précieuses et de perles ! En une seule heure tant de richesses ont été détruites ! Et tous les pilotes, tous ceux qui naviguent vers ce lieu, les marins, et tous ceux qui exploitent la mer, se tenaient éloignés, et ils s'écriaient, en voyant la fumée de son embrasement : Quelle ville était semblable à la grande ville ? »

90. Le culte des festivités païennes, appelées célébrations d'anniversaire, qu'en dit la Bible ?

- **Dans l'ancienne alliance** Genèse 40 : 16 – 23 « *Le chef des panetiers, voyant que Joseph avait donné une explication favorable, dit : Voici, il y avait aussi, dans mon songe, trois corbeilles de pain blanc sur ma tête. Dans la corbeille la plus élevée il y avait pour Pharaon des mets de toute espèce, cuits au four ; et les oiseaux les mangeaient dans la corbeille au-dessus de ma tête. Joseph répondit, et dit : En voici l'explication. Les trois corbeilles sont trois jours. Encore trois jours, et Pharaon enlèvera ta tête de dessus toi, te fera pendre à un bois, et les oiseaux mangeront ta chair. Le troisième jour, jour de la naissance de Pharaon, il fit un festin à tous ses serviteurs ; et il éleva la tête du chef des échansons et la tête du chef des panetiers, au milieu de ses serviteurs : il rétablit le chef des échansons dans sa charge d'échanson, pour qu'il mît la coupe dans la main de Pharaon ; mais il fit pendre le chef des panetiers, selon l'explication que Joseph leur avait donnée. Le chef des échansons ne pensa plus à Joseph. Il l'oublia.* »

- **Dans la nouvelle alliance** Marc 6 : 14 – 29
  « *Le roi Hérode entendit parler de Jésus, dont le nom était devenu célèbre, et il dit : Jean Baptiste est ressuscité des morts, et c'est pour cela qu'il se fait par lui des miracles. D'autres disaient : C'est Élie. Et d'autres disaient : C'est un prophète comme l'un des prophètes. Mais Hérode, en apprenant cela, disait : Ce Jean que j'ai fait décapiter, c'est lui qui est ressuscité. Car Hérode lui-même avait fait arrêter Jean, et l'avait fait lier en prison, à cause d'Hérodias, femme de Philippe, son frère, parce qu'il l'avait épousée, et que Jean lui disait : Il ne t'est pas permis d'avoir la femme de ton frère. Hérodias était irritée contre Jean, et voulait le faire mourir. Mais elle ne le pouvait ; car Hérode craignait Jean, le connaissant pour un homme juste et saint ; il le protégeait, et, après l'avoir entendu, il était souvent perplexe, et l'écoutait avec plaisir. Cependant, un jour propice arriva, lorsqu'Hérode, à l'anniversaire de sa naissance, donna un festin à ses grands, aux chefs militaires et aux principaux de la Galilée. La fille d'Hérodias entra dans la salle ; elle dansa, et plut à Hérode et à ses convives. Le roi dit à la jeune fille : Demande-moi ce que tu voudras, et je te le donnerai. Il ajouta avec serment : Ce que tu me demanderas, je te le donnerai, fût-ce la moitié de mon royaume. Étant sortie, elle dit à sa mère : Que demanderais-je ? Et sa mère répondit : La tête de Jean Baptiste. Elle s'empressa de rentrer aussitôt vers le roi, et lui fit cette demande : Je veux que tu me donnes à l'instant, sur un plat, la tête de Jean Baptiste. Le roi fut attristé ; mais, à cause de ses serments et des convives, il ne voulut pas lui faire un refus. Il envoya sur-le-champ un garde, avec ordre d'apporter la tête de Jean Baptiste. Le garde alla décapiter Jean dans la prison, et apporta la tête sur un plat. Il la donna à la jeune fille, et la jeune fille la donna à sa mère. Les disciples de Jean, ayant appris cela, vinrent prendre son corps, et le mirent dans un sépulcre.* »

91. Pour quels intérêts les mouvements politiques, ce rapprochement-ils des Eglises lucifériennes ? Malachie 1 : 7, 12 « *Vous offrez sur mon autel des aliments impurs, Et vous dites : En quoi t'avons-nous profané ? C'est en disant : La table de l'Éternel est méprisable !* » Malachie 1 : 12 « *Mais vous, vous le profanez, En disant : La table de l'Éternel est souillée, Et ce qu'elle rapporte est un aliment méprisable.* »

92. L'Œcuménisme est-elle une volonté Chrismale ?
« *L'Éternel dit à Moïse : Taille deux tables de pierre comme les premières, et j'y écrirai les paroles qui étaient sur les premières tables que tu as brisées.* »

PREMIER COMMANDEMENT DE MOISE

« ***Tu n'auras pas d'autres dieux devant ma face.*** »

Note: Les premières paroles de Dieu, ses dix commandements, bien que transcrites directement de Lui, connurent une multitude d'interprétations et diverses doctrines émanant de ces codes de la communion d'avec son peuple. La dérive la plus populaire est celle de la doctrine sur la Trinité. Cette doctrine d'essence catholique, originellement païenne, fût importée des croyances hindouistes d'Orient, comportant entre autre le culte aux divinités chères aux femmes et rencontra assimilation avec le culte Marial non biblique, la dévotion au dieu soleil, des prières adressées aux anges et à divers esprits. Ce qui contraste avec l'exclusivité d'adoration réservée au Dieu d'Israël, le seul Dieu invisible YAHWEH, dont ladite loi mosaïque a expressément stipulée en ses Dix préceptes de commandements, en précisant son unicité et inamovible exclusivité.

En effet dès le préambule du décalogue, on découvre aisément la particularité réservée à la Personne de son Auteur : l'adoration ! L'adoration Lui est due unilatéralement par son peuple sémite, en opposition totale de l'Egypte polythéiste duquel il a récemment libéré, qui comptait parmi ces multiples divinités une de plus qui en était une de trop, celle de considérer et de qualifier le pharaon son roi, de dieu sur terre. Nous comprenons pour quoi les premières paroles du Dieu de Moïse insistent sur ce point de démarcation d'avec tous les peuples antiques et d'abord de cette Egypte polythéiste, idolâtrique, et donc locomotrice du paganisme planétaire.

Au risque de toute dérive, les épitres de Jean dans ces saintes lettres, font un rappel de ce que, la nature de Jésus, par ailleurs devenue Homme, annonce des enjeux d'une apostasie doctrinaire, conséquence de la perdition du monde qui s'est mis à croire plutôt en un Jésus-Christ qui serait d'essence et en même temps de nature divine plénipotentiaire 1 Jean 3 : 18 - 19, 1 Jean 4 : 1 - 6. Car selon le "CREDO " de la Babylone spirituelle, il (Jésus-Christ) serait " Dieu, né du Vrai Dieu, engendré non pas crée, de même nature que Le Père...". Pourtant la bible est claire sur les enjeux de cette doctrine portant sur la nature de Jésus. 2 jean 1 : 7 « *Car plusieurs séducteurs sont entrés dans le monde, qui ne confessent point que Jésus Christ est venu en chair. Celui qui est tel, c'est le séducteur et l'antéchrist.* » Dérives que les Hommes ont commencées d'amorcer depuis les temps apostoliques, jusqu'à la conclusion de l'histoire du monde, lorsqu'est apparu sur la scène religieuse mondiale, l'être que la Bible a qualifié « d'*Abomination De La Désolation*», d' «*Homme Impie* », de «*Méchant* », d' «*Adversaire De Dieu* », tout simplement de « *''666''*».

Les doctrines perverses et sataniques, qui ont perdu le Monde spirituel de la chrétienté depuis la montée de cet Homme pervers, sont mises à l'actif de cette même personnalité, qui du moins se réclame avec cynisme d'en faire partie et d'y être même à la tête des apôtres comme **''Successeur De Pierre'', ''Vicaire Du Fils De Dieu'', ''Chef d'Etat''**, puis finalement « *comme **Dieu Lui-même sur terre** en s'autoproclamant comme tel dans l'Eglise, juste avant le retour du Christ, et en imposant la marque du chiffre spirituelle ''666'' à tous les habitants de la terre!* » *2 Théssaloniciens 2 : 3 - 7* et *Apocalypse 13 : 1 – 18*.

Le **''Dies Solis''**. Le ''dieu soleil'' que Rome adorait avant sa mutation au culte catholique en sa forme actuelle, en est un exemple concret advenant de la divinité officielle de l'Eglise de Rome, une fois construit le sanctuaire d'Italie de la même citée du mal, avec impacte sur la suite des commandements de Dieu, notamment celui du Sabbat. (Voir les études Bibliques de la série, N° 4, 5 et 6 dans la présente collection)

- **Le Grand Signe de la Bête, le (666) révélé.**
- **Comment les Hommes ont-ils déjà pris le (666) le Signe de la Bête sur le Front ?**

68. L'exigence prohibée de la Dîme et de certains statuts appartenant à l'ancienne alliance, pour quoi les retrouvons-nous encore dans l'Eglise aujourd'hui ?

LE RETABLISSEMENT DES ''LOIS'' SACRIFICIELLES ABOLIES : LES ORDONNANCES D'OFFRANDES ET DE DIMES

93. A quoi faisait allusion le terme ordonnance dans l'ancienne alliance ? *Hébreux 9 : 1, 10*

« *La première alliance avait aussi des ordonnances relatives au culte, et le sanctuaire terrestre. Un tabernacle fut, en effet, construit. Dans la partie antérieure, appelée le lieu saint, étaient le chandelier, la table, et les pains de proposition. Derrière le second voile se trouvait la partie du tabernacle appelée le saint des saints, renfermant l'autel d'or pour les parfums, et l'arche de l'alliance, entièrement recouverte d'or.* »

94. Les usages donc du sang de l'animal dans l'ancienne alliance

Note: Voilà pourquoi c'est avec du sang que même la première alliance fut inaugurée. Moïse, après avoir prononcé devant tout le peuple tous les commandements de la loi. *Hébreux 9 : 18* « *Prit le sang des veaux et des boucs, avec de l'eau, de la laine écarlate, et de l'hysope ; (…) Il fit pareillement l'aspersion avec le sang sur le tabernacle et sur tous les ustensiles du culte.*

95. La Bible dit-elle que le sang purifiait les objets au même titre que des personnes ? *Hébreux 9 : 22*

« *Et presque tout, d'après la loi, est purifié avec du sang, et sans effusion de sang il n'y a pas de pardon.* »

Note: « *Et il fit l'aspersion sur le livre lui-même et sur tout le peuple, en disant : Ceci est le sang de l'alliance que Dieu a ordonnée pour vous.* » Hébreux 9 : 20 -21

96. Pourquoi était-il important de le faire ? Hébreux 9 : 23

« *Il était donc nécessaire, puisque les images des choses qui sont dans les cieux devaient être purifiées de cette manière, que les choses célestes elles-mêmes le fussent par des sacrifices plus excellents que ceux-là.* »

Note: Les raisons évidentes pour lesquelles il y a plus aucun motif de revenir à la pratique de l'ancien exercice du culte des offrandes, ni en espèce ni en nature pour le pardon des péchés :

- Le peuple est-il encore en marche vers Jérusalem ?
- Dieu a-t-il toujours déterminé un lieu fixe où réunir le peuple pour son culte chrétien d'adoration?
- Les douze tribus d'Israël sont-elles encore réunies dans le saint temple d'alors ?
- Le Temple de Jérusalem existe-il encore ?
- Les dons offerts lavent-ils les péchés des chrétiens aujourd'hui ?
- La sacrificature de Lévi est-elle en vigueur en ces temps où christ a déjà été crucifié ?
- Les Prêtres fils d'Aaron, sont-ils encore une caste mis à part exclusivement au service de la sacrificature ? Et de quelle sacrificature seraient-ils au service puis que Christ notre pacque a déjà été crucifié ?
- Les autres dimes notamment celles en faveur des veuves des orphelins des étrangers et du roi ont été données au peuple au même titre que celles des sacrificateurs, pour quoi ne sont-elles plus enseignées et mises en vigueur si nous voulons encore d'obéir à toute la loi du culte lévitique ?
- Lesquels commandements ont été promulgués par Dieu lui-même ?
- Les dix commandements se trouvent-ils encore dans le ciel ? Où ils ont été déposés ?
- L'Apocalypse est un livre qui annonce les faits à venir, évoque-t-il des lois du culte dans le temple du ciel ou pour le monde à venir ?

Alors que les vrais chrétiens s'apprêtent à faire face à la pire persécution de l'histoire sainte, le « 666 », qui conditionnera bientôt tout Homme, - Nos finances à l'exemple des dimes doivent-elles être engagées pour nous gagner le ciel ? Il en est de la dime comme de la pâque juive en l'état actuel. Les Juifs qui n'ont pas accepté Jésus-Christ comme étant le Messie, continuent encore de célébrer leur repas de pacque en immolant un agneau sacrificiel. Par ce sang versé, ils rappellent le sacrifice d'Isaac par Abraham ! Or nous savons tous que les Chrétiens d'aujourd'hui, célèbrent la pâque chrétienne en souvenir de la mort du Christ, et non plus en celui du sacrifice d'Isaac ! Lorsque Jésus institua le pain comme étant son corps et le vin matérialisant le sang de la rédemption du monde, il a remplacé la chair et le sang des animaux, par le pain et le vin qu'il a appelé son corps et son sang. Voilà pourquoi nous disions de la dime qu'elle est redevenue comme la pâque juive ; c'est-à-dire une immolation d'un agneau, annulant et remplaçant à nouveau le sacrifice du Fils de Dieu, par le payement d'une caution destinée autrefois aux sacrifices d'animaux, ceci pour le pardon des péchés. Pourtant, selon 1 Pierre 1 : 18-19, « *sachant que ce n'est pas par des choses périssables, par de l'argent ou de l'or, que vous avez été rachetés de la vaine manière de vivre que vous avez héritée de vos pères, mais par le sang précieux de Christ, comme d'un agneau sans défaut et sans tache* » Le mobile et l'objet réprimés ici c'est la *"cupidité" dont l'intention est manifestement celui de profaner le sang de la grâce de Jésus par des doctrines sataniques* qui au demeurant sont en total disgrâce avec ce sang de la nouvelle alliance que Dieu a instauré par la mort du Christ. De ces faux chrétiens, faisant référence *"aux choses périssables"* autrement dit *''l'argent ou de l'or''* entre autre dimes et offrandes qui était une institution que le peuple avait *''héritée de ses pères"* qui *"avec les aliments, les boissons"* d'après Hébreux 9 : 10 « *étaient des ordonnances charnelles imposées seulement jusqu'à une époque de réformation* », la Bible annonce la prophétie de l'égarement de ces Eglises par amour pour l'argent à l'exemple de Judas ce traitre de disciple.

Ainsi pour faire opposition au système ancien du culte, le Nouveau Testament parle de reformation qui a été instituée depuis par « *le sang précieux de Christ, comme d'un agneau sans défaut et sans tache* » Hébreux 9 : 9. De ce fait, pouvons-nous aujourd'hui être respectueux de notre engagement baptismal de chrétien envers Dieu, si toute fois nous-nous mettons à immoler de nouveau un agneau pascal ou continuons de payer les dimes et offrandes volontaires pour nos péchés ? Evidemment que NON ! Puisque la question du sacrifice d'animaux ayant déjà été traitée dans le nouveau testament par les Apôtres : 1 Corinthiens 5 : 7« *Car Christ, notre Pâque, a été immolé* », alors toute dime ou offrande volontaire payée par les chrétiens d'aujourd'hui, s'il est fait dans un acte cultuel ou pas, est systématiquement assimilée à l'acte sacrificiel d'animaux d'autrefois. Hébreux 10 : 18-21 « *Là où il y a pardon des péchés, il n'y a plus d'offrande pour le péché. Ainsi donc, frères, puisque nous avons, au moyen du sang de Jésus, une libre entrée dans le sanctuaire par la route nouvelle et vivante qu'il a inaugurée pour nous au travers du voile, c'est-à-dire, de sa chair, et puisque nous avons un Souverain Sacrificateur établi sur la maison de Dieu* ».

A cet effet, la présente étude biblique qui a consisté à constater la transition de sacrificature et de ministère sacrificiel qu'il y a eu entre les **Deux Alliances**, les **Deux Sanctuaires**, les **Deux Testateurs, Moise et Jésus-Christ** : « *C'est une figure pour le temps actuel, où l'on présente des offrandes et des sacrifices qui ne peuvent rendre parfait sous le rapport de la conscience celui qui rend ce culte, et qui, avec les aliments, les boissons et les divers ablutions, étaient des ordonnances charnelles imposées seulement jusqu'à une époque de réformation.* » Hébreux 9 : 9. Cette nouvelle réforme du culte selon le précédent passage, entra en vigueur une fois la mort du Christ constatée ! Le fait de préciser en ces termes « *C'est une figure pour le temps actuel, où l'on présente des offrandes et des sacrifices qui ne peuvent rendre parfait sous le rapport de la conscience* » manifestement, exprime la période durant laquelle l'épitre aux hébreux fut écrite ! Une période où le sanctuaire de Jérusalem était encore débout, n'ayant pas encore été détruite par les romains. Que ce temple, lieu d'immolation et d'offrandes fut encore en place ou qu'il fut détruit en l'an soixante-dix, le terme de la loi lévitique concernant les dimes ou directement celui des lois sacrificielles, étaient déjà révolus. Car Christ ayant été mis à mort, du coup la première alliance était remplacée par la nouvelle, celle du nouveau sacrificateur Jésus-Christ. Mais les Eglises actuellement qui perçoivent ou enseignent l'acquittement des dimes, par leurs frères chrétiens ou païens, agissant ainsi en connaissance de cause ou non, à l'exemple des cérémonies pratiquées dans le temple de Jérusalem avant sa destruction, mais surtout avant la mort du Christ, souillent pareillement pour leur compte, le sang de la grâce en profanant le sacrifice suprême de Jésus-Christ. Mais comment opèrent-ils ? L'épitre de *2 Pierre 2 : 1- 3* apporte une réponse sans équivoque : *« Il y a eu parmi le peuple de faux prophètes, et il y aura de même parmi vous de faux docteurs, qui introduiront des sectes pernicieuses, et qui, reniant le maître qui les a rachetés, attireront sur eux une ruine soudaine. Plusieurs les suivront dans leurs dissolutions, et la voie de la vérité sera calomniée à cause d'eux. Par cupidité, ils trafiqueront de vous au moyen de paroles trompeuses, eux que menace depuis longtemps la condamnation, et dont la ruine ne sommeille point. »*

Frères et sœurs qui avez accepté Jésus comme votre Sauveur, Souverain Sacrificateur et Berger, ... Comment réagirez-vous à cette question qui vous est posée ? :

« De quel pire châtiment pensez-vous que sera jugé digne celui qui aura foulé aux pieds le Fils de Dieu, qui aura tenu pour profane le sang de l'alliance, par lequel il a été sanctifié, et qui aura outragé l'Esprit de la grâce ? » Hébreux 10 : 29.

RETABLISSEMENT DES LOIS SACRIFICIELLES "DIMES" ET PROFANATION DU SANG DE CHRIST TEL LE PECHE DE BALAAM

Enfin le rétablissement des diverses lois cultuelles de l'ancienne alliance par ces dénominations et le dépérissement de la foi. Et c'est là le point capital de notre étude Biblique, qui démontrera en synthèse, les enjeux de ce changement d'ordonnance de lois du culte, qui a rendu caduc La Première *Alliance Cultuelle De Moise*, jusqu'à l'assimiler ainsi *au péché du prophète Balaam dans le nouveau testament, autant que, les chrétiens payant ou recevant aujourd'hui la dime*, profanent consciencieusement ou non, le sang de la grâce de Jésus dans ces Eglises apostâtes. Par cupidité, ils renient ainsi le Maître qui les a rachetés ! *2 Pierre 2 : 1,3.*

Noté bien : Cependant il y a une bonne nouvelle pour toutes celles, et tous ceux qui voudront bien s'en servir : la repentance !

Cette partie de notre étude biblique consistera à démontrer les enjeux de ce changement d'ordonnance de lois, qui a rendu caduc la première alliance cultuelle de Moise, en assimilant ainsi au péché du prophète Balaam, autant que les chrétiens payant aujourd'hui la dime, profanent consciencieusement ou non, le sang de la grâce dans ces Eglises apostâtes.

Car il est dit dans *1 Pierre 1 : 18 - 19 « sachant que ce n'est pas par des choses périssables, par de l'argent ou de l'or, que vous avez été rachetés de la vaine manière de vivre que vous avez héritée de vos pères, mais par le sang précieux de Christ, comme d'un agneau sans défaut et sans tache »* Remarquons la comparaison qui y est faite dans ce passage entre le sang du Christ et celui des animaux pour démontrer l'annulation du premier par le deuxième! Hébreux 7 : 18 « *Il y a ainsi abolition d'une ordonnance antérieure, à cause de son impuissance et de son inutilité* » Alors voilà pourquoi les prophéties des apôtres déclarent, Jude 1 : 11 « *Malheur à eux ! Car ils ont suivi la voie de Caïn, ils se sont jetés pour un salaire dans l'égarement de Balaam, ils se sont perdus par la révolte de Coré* », et celles de (II Pierre 2 : 1 - 3) (II Pierre 2 : 15), Paul (1Timothée 6 : 5 - 7) et de Jésus lui-même par Jean (Apocalypse 2 : 14), s'accompliront certainement contre ces synagogues de Satan. Plus qu'une sentence, ces prophéties annoncent le sort déjà scellé de ceux qui donnent ou reçoivent encore la dîme, s'ils ne venaient pas à s'en repentir !!! « *De quel pire châtiment pensez-vous que sera jugé digne celui qui aura foulé aux pieds le Fils de Dieu, qui aura tenu pour profane le sang de l'alliance, par lequel il a été sanctifié, et qui aura outragé l'Esprit de la grâce ? Car nous connaissons celui qui a dit : A moi la vengeance, à moi la rétribution ! Et encore : Le Seigneur jugera son peuple. C'est une chose terrible que de tomber entre les mains du Dieu vivant.* » Cependant il y a une porte d'espoir pour toutes celles et ceux qui s'en serviront : La repentance. Et puis après, « *Souvenez-vous de ces premiers jours, où, après avoir été éclairés, vous avez soutenu un grand combat au milieu des souffrances* », Hébreux 10 : 29 –32. Il y aura assurément une période de disgrâce que vous allez subir de la part de ceux qui percevaient antérieurement vos dimes. Sans compter la période où (ces faux chrétiens) suivront *"la voie de Caïn"* Jude 1 : 11, et commenceront **très bientôt** à marquer du ***"666 "*** tous ceux qui auront abdiqué. Mais tenons bon ! Hébreux 10 : 37- 38 nous rassure, « *Encore un peu, un peu de temps : celui qui doit venir (JESUS-CHRIST) viendra, et il ne tardera pas. Et mon juste vivra par la foi ; mais, s'il se retire, mon âme ne prend pas plaisir en lui. Nous, nous ne sommes pas de ceux qui se retirent pour se perdre, mais de ceux qui ont la foi pour sauver leur âme.* »

Note: Hébreux 9 : 9 « *C'est une figure pour le temps actuel, où l'on présente des offrandes et des sacrifices qui ne peuvent rendre parfait sous le rapport de la conscience celui qui rend ce culte* » Hébreux 9 : 10 « *et qui, avec les aliments, les boissons et les diverses ablutions, étaient des ordonnances charnelles imposées seulement jusqu'à une époque de réformation.* » Hébreux 9 : 11 « *Mais Christ est venu comme souverain sacrificateur des biens à venir ; il a traversé le tabernacle plus grand et plus parfait, qui n'est pas construit de main d'homme, c'est-à-dire, qui n'est pas de cette création* »

97. A quels faux prophètes est-il fait allusion dans ce passage ? Jude1 : 11

Note: Dans ce passage il est fait allusion à Caïn qui tua son frère Abel. Genèse 4 : 8 Devenant ainsi le premier meurtrier de l'histoire, Caïn symbolise le crime dans l'histoire sainte. Et Dieu déclare de ces chrétiens également « *Malheur à eux ! Car ils ont suivi la voie de Caïn* » A cause de l'offrande agrée de son frère, Caïn tua celui-ci. Par ailleurs ces faux prophètes en plus d'être des meurtriers, se corrompront dans leur salaire de l'iniquité tel … « *ils se sont jetés pour un salaire dans l'égarement de Balaam, ils se sont perdus par la révolte de Coré.* »

98. De quel salaire parlant du prophète Balaam est-il fait évocation dans ce passage ? Deutéronome 23.4

« ...parce qu'ils ne sont pas venus au-devant de vous avec du pain et de l'eau, sur le chemin, lors de votre sortie d'Égypte, et parce qu'ils ont fait venir contre toi à prix d'argent Balaam, fils de Beor, de Pethor en Mésopotamie, pour qu'il te maudisse. »

99. Dieu a-t-il écouté Balaam ?
Deutéronome 23 : 5 - 6 *« ...Mais l'Éternel, ton Dieu, n'a point voulu écouter Balaam ; et l'Éternel, ton Dieu, a changé pour toi la malédiction en bénédiction, parce que tu es aimé de l'Éternel, ton Dieu. Tu n'auras souci ni de leur prospérité ni de leur bien-être, tant que tu vivras, à perpétuité. »*
2 Pierre 2 : 1-2 *« Il y a eu parmi le peuple de faux prophètes, et il y aura de même parmi vous de faux docteurs, qui introduiront des sectes pernicieuses, et qui, reniant le maître qui les a rachetés, attireront sur eux une ruine soudaine. »*
Note: Nous notons ici une prophétie sur l'abandon de la foi de Dieu par des chrétiens !

100. Mais comment cela se fera-t-il cet abandon de la foi chrétienne là ?
2 Pierre 2 : 2
« Plusieurs les suivront dans leurs dissolutions, et la voie de la vérité sera calomniée à cause d'eux. »
102. Quel sera le motif de leur abandon de la foi ? 2 Pierre 2 : 2-3
« Par cupidité, ils trafiqueront de vous au moyen de paroles trompeuses, eux que menace depuis longtemps la condamnation, et dont la ruine ne sommeille point. »

103. Quel mobile usent-ils pour extorquer de l'argent selon les saintes écritures ? 1 Pierre 1 : 18
« Sachant que ce n'est pas par des choses périssables, par de l'argent ou de l'or, que vous avez été rachetés de la vaine manière de vivre que vous avez héritée de vos pères, mais par le sang précieux de Christ, comme d'un agneau sans défaut et sans tache Prédestiné avant la fondation du monde, et manifesté à la fin des temps, à cause de vous »

104. Comment Paul en parle-t-il autrement ? Romains 12 : 1 – 35
« Et David dit : que leur table soit pour eux un piège, un filet, une occasion de chute, et une rétribution ! »

105. D'où viendront ceux qui détourneront le peuple de Dieu de la vérité ? Jude1 : 14
« Car il s'est glissé parmi vous certains hommes, dont la condamnation est écrite depuis longtemps, des impies, qui changent la grâce de notre Dieu en dissolution, et qui renient notre seul maître et Seigneur Jésus Christ. »

106. Comment parle-t-on de la dime qu'ils vont se mettre à extorquer aux chrétiens ? Jude1 : 11
« Malheur à eux ! Car ils ont suivi la voie de Caïn, ils se sont jetés pour un salaire dans l'égarement de Balaam, ils se sont perdus par la révolte de Coré. »

107. Après avoir voulu maudire les chrétiens par l'extorsion de la dime, comment la Bible les appelle-t-elle ces Eglises-là? 2 Pierre 2 :14
« Ils ont les yeux pleins d'adultère et insatiables de péché ; ils amorcent les âmes mal affermies ; ils ont le cœur exercé à la cupidité ; ce sont des enfants de malédiction. »

108. Comment empruntent-ils la voie de Balaam ? 2 Pierre 2 :15
« Après avoir quitté le droit chemin, ils se sont égarés en suivant la voie de Balaam, fils de Bosor, qui aima le salaire de l'iniquité »

109. Comment suivent-ils le chemin de Balaam ? Malachie 3 : 8
« Un homme trompe-t-il Dieu ? Car vous me trompez, Et vous dites : En quoi t'avons-nous trompé ? Dans les dîmes et les offrandes. » Malachie 3 : 9
« Vous êtes frappés par la malédiction, Et vous me trompez, La nation tout entière ! »

110. Ils disent apportez à la maison du trésor, mais existe-telle toujours cette maison ? Malachie 3 : 10
« Apportez à la maison du trésor toutes les dîmes, Afin qu'il y ait de la nourriture dans ma maison ; Mettez-moi de la sorte à l'épreuve, Dit l'Éternel des armées. Et vous verrez si je n'ouvre pas pour vous les écluses des cieux, Si je ne répands pas sur vous la bénédiction en abondance. »

111. Qu'a prophétisez Jésus sur le temple de Jérusalem ? Luc 21 : 6
« Les jours viendront où, de ce que vous voyez, il ne restera pas pierre sur pierre qui ne soit renversée. »

112. Où Jésus préconisa-t-il le lieu de culte chrétien ? Jean 4 : 21-24
« Femme, lui dit Jésus, crois-moi, l'heure vient où ce ne sera ni sur cette montagne ni à Jérusalem que vous adorerez le Père. Vous adorez ce que vous ne connaissez pas ; nous, nous adorons ce que nous connaissons, car le salut vient des Juifs. Mais l'heure vient, et elle est déjà venue, où les vrais adorateurs adoreront le Père en esprit et en vérité ; car ce sont là les adorateurs que le Père demande. Dieu est Esprit, et il faut que ceux qui l'adorent l'adorent en esprit et en vérité. »

113. Citant le faux prophète Balaam ces prétendus chrétiens maudissent le peuple. Comment ? 2 Pierre 2 :16
« Mais qui fut repris pour sa transgression : une ânesse muette, faisant entendre une voix d'homme, arrêta la démence du prophète. »

114. Comment la Bible les qualifie-t-elle encore ? 2 Pierre 2 :17
« Ces gens-là sont des fontaines sans eau, des nuées que chasse un tourbillon : l'obscurité des ténèbres leur est réservée. »

115. Ces faux prophètes sont caractéristiques de quoi ? 2 Pierre 2 : 1,3
« Il y a eu parmi le peuple de faux prophètes, et il y aura de même parmi vous de faux docteurs, qui introduiront des sectes pernicieuses, et qui, reniant le maître qui les a rachetés, attireront sur eux une ruine soudaine. Plusieurs les suivront dans leurs dissolutions, et la voie de la vérité sera

calomniée à cause d'eux. Par cupidité, ils trafiqueront de vous au moyen de paroles trompeuses, eux que menace depuis longtemps la condamnation, et dont la ruine ne sommeille point. »

116. Comment la Bible évoque-t-elle la considération de Jésus sur l'argent ? Luc 16.9
« Et moi, je vous dis : Faites-vous des amis avec les richesses injustes, pour qu'ils vous reçoivent dans les tabernacles éternels, quand elles viendront à vous manquer. Celui qui est fidèle dans les moindres choses l'est aussi dans les grandes, et celui qui est injuste dans les moindres choses l'est aussi dans les grandes ».

117. Comment Jésus qualifie-t-il les richesses passagères ? Luc 16.11
« Si donc vous n'avez pas été fidèle dans les richesses injustes, qui vous confiera les véritables ? »

118. Alors les biens matériels, en définitif sont considéré être la propriété de qui ? Luc 16.12
« Et si vous n'avez pas été fidèles dans ce qui est à autrui, qui vous donnera ce qui est à vous » ?

119. Puis-je exercer mon libre arbitre face aux choix que Dieu ou Satan me propose sur l'usage de l'argent ? Luc 16.13
« Nul serviteur ne peut servir deux maîtres. Car, ou il haïra l'un et aimera l'autre ; ou il s'attachera à l'un et méprisera l'autre. Vous ne pouvez servir Dieu et Mammon. »

120. Comment étaient les chefs religieux du temps de Jésus face à l'argent ? Luc 16 :14
« Les pharisiens, qui étaient avares, écoutaient aussi tout cela, et ils se moquaient de lui. »

121. Comment actuellement toutes les communautés prétendument chrétiennes, adorent le Diable par la Bête.

122. L'Eglise peut-elle donc appartenir à un pays ou en dépendre pour son autorisation de pratique et d'exercice de sa foi ? Jean 18 : 36
« Mon royaume n'est pas de ce monde, répondit Jésus. Si mon royaume était de ce monde, mes serviteurs auraient combattu pour moi afin que je ne fusse pas livré aux Juifs ; mais maintenant mon royaume n'est point d'ici-bas. »

123. Combien y a –t-il des dons de ministère de la parole dans l'Eglise de Christ ? Ephésiens 4 : 7- 19
« Mais à chacun de nous la grâce a été donnée selon la mesure du don de Christ. C'est pourquoi il est dit : Étant monté en haut, il a emmené des captifs, Et il a fait des dons aux hommes. Or, que signifie : Il est monté, sinon qu'il est aussi descendu dans les régions inférieures de la terre ? Celui qui est descendu, c'est le même qui est monté au-dessus de tous les cieux, afin de remplir toutes choses. Et il a donné les uns comme apôtres, les autres comme prophètes, les autres comme évangélistes, les autres comme pasteurs et docteurs, pour le perfectionnement des saints en vue de l'œuvre du ministère et de l'édification du corps de Christ, jusqu'à ce que nous soyons tous parvenus à l'unité de la foi et de la connaissance du Fils de Dieu, à l'état d'homme fait, à la

mesure de la stature parfaite de Christ, afin que nous ne soyons plus des enfants, flottants et emportés à tout vent de doctrine, par la tromperie des hommes, par leur ruse dans les moyens de séduction, mais que, professant la vérité dans la charité, nous croissions à tous égards en celui qui est le chef, Christ. C'est de lui, et grâce à tous les liens de son assistance, que tout le corps, bien coordonné et formant un solide assemblage, tire son accroissement selon la force qui convient à chacune de ses parties, et s'édifie lui-même dans la charité. Voici donc ce que je dis et ce que je déclare dans le Seigneur, c'est que vous ne devez plus marcher comme les païens, qui marchent selon la vanité de leurs pensées. Ils ont l'intelligence obscurcie, ils sont étrangers à la vie de Dieu, à cause de l'ignorance qui est en eux, à cause de l'endurcissement de leur cœur. Ayant perdu tout sentiment, ils se sont livrés à la dissolution, pour commettre toute espèce d'impureté jointe à la cupidité. »

124. Les cinq dons de ministères de la parole sont-ils connus des Eglises mondaines ? *Ephésiens 4 : 11 – 12*

« *Et il a donné les uns comme apôtres, les autres comme prophètes, les autres comme évangélistes, les autres comme pasteurs et docteurs, pour le perfectionnement des saints en vue de l'œuvre du ministère et de l'édification du corps de Christ* »

ALLONS, ALLONS... UN TEXTE QUI A PLUS DE CENT ANS
EST FORCÉMENT UN PEU DÉPASSÉ.
LAÏCITÉ
BIBLE
CORAN
TORAH

CONCLUSION

Des communautés ecclésiales, se réclamant l'appartenance filiale aux Etats ou aux Nations, en raison de leurs origines de création, ne peuvent tout simplement pas être l'Eglise du Christ. Quand nous le vérifions dans la Bible, très peu de prophètes, et de serviteurs de Dieu, aussi bien dans le Nouveau testament que dans l'Ancien, n'ont été en grâce auprès des autorités civiles ou militaires d'un pays ! Jean le Baptiste le plus grande de tous ceux qui sont nés d'une femme a été décapité par un roi. De même que Jésus crucifié. Daniel jeté dans la fosse aux lions. Jérémie persécuté et maltraité par des rois Judéen eux-mêmes. Voilà pourquoi, nous sommes aussi formels que La Bible. Aussi vrai qu'aucune autorisation légale, ni agrément de pratique de leur foi, ne fut signé aux croyants d'entant pour se réunir dans un lieu de culte, nous non plus, ne devront concéder un quelconque préalable juridique, comme quoi, nous donnant accès à l'exercice de notre foi chrétienne ! Car notre identité de fervent croyant de Christ tient également à cette démarcation fondamentale de principe de soumission exclusive à Dieu. Cependant, nous ne nous reconnaissons d'aucune attitude incivique ! Non plus d'aucune quelconque désobéissance légale ou morale ! Surtout pas à l'exemple de ces courants alter mondialistes en vogue dans des pays occidentaux. Les libertés civiles ou religieuses formulées dans la plupart des constitutions étatiques, ne sont en bonnes et dues formes qu'avec le respecte des "César", sur l'obéissance à la conformité d'acquittement financière et monétaire. D'où la stricte observance dont nos doctrines en accomplissement de notre foi, commandent le payement des impôts et différentes taxes financières et monétaires comme comptable de notre obéissance à Dieu, puisque Jésus Lui-même paya et ordonna à Pierre d'en faire autant ! Mais aussi un respect conditionnel à celui-ci. 1Pierre2 *:13-23* « *Soyez soumis, à cause du Seigneur, à toute autorité établie parmi les hommes, soit au roi comme souverain, soit aux gouverneurs comme envoyés par lui pour punir les malfaiteurs et pour approuver les gens de bien. Car c'est la volonté de Dieu qu'en pratiquant le bien vous réduisiez au silence les hommes ignorants et insensés, étant libres, sans faire de la liberté un voile qui couvre la méchanceté, mais agissant comme des serviteurs de Dieu. Honorez tout le monde ; aimez les frères ; craignez Dieu ; honorez le roi. Serviteurs, soyez soumis en toute crainte à vos maîtres, non seulement à ceux qui sont bons et doux, mais aussi à ceux qui sont d'un caractère difficile. Car c'est une grâce que de supporter des afflictions par motif de conscience envers Dieu, quand on souffre injustement. En effet, quelle gloire y a-t-il à supporter de mauvais traitements pour avoir commis des fautes ? Mais si vous supportez la souffrance lorsque vous faites ce qui est bien, c'est une grâce devant Dieu. Et c'est à cela que vous avez été appelés, parce que Christ aussi a souffert pour vous, vous laissant un exemple, afin que vous suiviez ses traces, Lui qui n'a point commis de péché, Et dans la bouche duquel il ne s'est point trouvé de fraude ; lui qui, injurié, ne rendait point d'injures, maltraité, ne faisait point de menaces, mais s'en remettait à celui qui juge justement* »

Excepté ces aspects sus évoqués, notre pratique de culte s'insurge contre toute forme d'asservissement servile, en l'occurrence, et ne tolèrera aucune trahison et en condamne l'attitude de ces croyants refroidis qui pourraient devenir des « *Judas* » auprès desdites autorités. Voilà pourquoi en ce qui concerne l'exercice de notre culte et la pratique de notre foi, nous ne nous laisserons jamais assujettir à une quelconque agence gouverne mentale civile, militaire, ou autre… De même que nos assemblées ne peuvent aucunement servir les intérêts d'une tierce famille politique. Ce d'autant plus que la politique n'ayant pas été formellement interdite, elle ne nous est pas non plus utilement recommandée pour la marche chrétienne, en vue de l'œuvre du salut. De ce fait, nous rappelons qu'il n'y a en notre foi chrétienne, aucune tendance politique issue d'une quelconque famille politique connue. Mais puisque la Bible ne rapporte pas d'informations en rapport avec une ordonnance biblique qui exigerait l'obtention préalable d'une autorisation de réunion aux chrétiens d'autrefois lors de la pratique de leur culte, alors nous non plus, nous ne nous soumettrons pas à une éventuelle condition d'exercice de notre foi venant des autorités de n'importe quel pays ! En ceci nous voudrions bien que l'Eglise qui dispense tous ces enseignements, soit reconnue comme authentiquement VRAIE puisque refusant de s'affilier aux Césars. Car étant d'essence divine et donc d'autorité chrismale, c'est-à-dire de Christ, la direction de l'Eglise, en opposition aux usages dans les rapports qui lient les prétendues Eglises dénominationnelle et l'autorité civile ou politique, se voudrait une volonté ordonnée par Dieu en ce qui nous concerne, nous l'Eglise d'être au sens le plus simple de la Bible, réaffirmons notre singularité de rester et de demeurer l'Eglise, au simple fait de cette appellation dont Christ Lui-même a daigné appeler son Eglise. Quant aux croyants qui ont acceptés le message de la Bonne Nouvelle de Yahwéh Dieu par cette Eglise, ils jouissent du nom Honorable par affiliation à notre Seigneur et Sauveur JESUS-CHRIT au travers de La Bible en devenant des "CHRETIENS". A cet effet la Bible est et s'impose comme unique document en notre possession, et pourra être disponible en cas d'examen expresse des autorités, pour justifier notre foi, nos principes de vie et nos doctrines chrétiennes! Nous tenons à dire que notre simplicité n'est ni un refus, encore moins une désobéissance civile. Elle est selon que notre foi la profère, une obéissance à Dieu tout bonnement ! Ainsi, la Bible pour nous, n'est pas considérée partiellement, ni ne peut souffrir d'aucune abrogation d'une de ces parties. Notre croyance est soutenue en elle, et lui confère l'attribution de "parole de Dieu". La version officielle de la Bible que nous recommandons est celle de "Louis Second", composée de 66 livres, ce que nous qualifions alors de, "Bible dans toute son entièreté !"

SOMMAIRE

13. Et d'ailleurs comment devraient être détruit les royaumes de la terre d'après le songe de Daniel au Roi Nebucadnetsar ? *Daniel 2 : 44-45*
14. En quels sens démontrer qu'une doctrine est souvent qualifiée d'aliment ou de table alimentaires au sens biblique du terme ? *Apocalypse 2 : 20 – 29*
15. Qu'est-ce que l'Eglise du Christ ? *1 Corinthiens 6 : 12 – 20*
16. L'Eglise, est-ce une organisation dénominationnelle ? *Actes 11 : 23 – 26*
17. Les assemblées chrétiennes doivent-elles répondre officiellement d'une quelconque exigence gouvernementale pour prouver qu'elles sont l'Eglise de Christ ?
18. Christ avait-il recommandé de construire des bâtiments appelés "Eglises" durant l'ère apostolique ? *1 Corinthiens 16 : 19*
19. Que préfigurait cette répartition groupusculaire par Jésus, lors du partage du pain et des poissons à la foule ? *Marc 6 : 35 – 44*
20. Le Christ est-il encore présent dans ces dénominations appelées Eglises ? *Mathieu 28 : 18 – 20*
21. Comment se construisent actuellement les communautés chrétiennes sous le seul Berger, Jésus-Christ ? *Jean 10 : 13 – 16*
22. L'Eglise de Christ en a-t-elle de responsables visibles ? *Actes 20 : 24 – 38*
23. Cette Eglise de Christ peut-elle entretenir la corruption ? *Apocalypse 21 : 1 – 2*
24. L'Eglise peut-elle tant soi peu compromettre notre salut par quelques doctrines non scripturaires ? *Ephésiens 5 : 23 – 33*
25. Quelle Eglise aujourd'hui, est en parfaite conformité avec la sainte volonté de Christ dans la Bible ? *Apocalypse 18 : 4 - 7*
26. Cette Eglise de Christ de la fin des temps sera-t-elle nombrable à son retour ? *Révélation 14 : 1 - 12*

REGARD SUR LE STATUT DE " PASTEUR " :
AUTOPROCLAMATION / DOCTRINE CHRISMALE

27. Qui devrait être à la tête de l'Eglise du christ ? *Mathieu 23 : 2 – 12*
28. Comment Jésus considérait-il les chefs religieux de son époque ? *Mathieu 23 : 13 – 36*
29. Comment l'Apôtre Pierre appelait-il les dirigeants de l'Eglise chrétienne aux temps bibliques ? *1 Pierre 5 : 2 – 4*
30. Comment l'Apôtre Paul les appelait-il ? *Actes 20 : 28 - 35*
31. Comment Paul prononce-t-il la prophétie sur le caractère cupide des prétendus pasteurs ? *Actes 20 : 28 - 35*
32. Les dirigeants encore appelés Anciens doivent-ils travailler de manière volatile ? *Actes 20 : 28 - 35*
33. Comment les anciens d'Eglise doivent-ils se mettre à l'abri du besoin ? *Actes 20 : 28 - 35*
34. Quelle mission l'Apôtre Pierre reçu-t-il directement de Jésus ? *Mathieu 16 : 18 – 19*
35. Qu'est ce qui fit de Pierre, leader des autres Anciens, ses frères ? *Jean 21 : 15 - 17*
36. Mais Pierre se considérait-il au-dessus des autres Anciens de l'Eglise ? *1 Pierre 5 : 2 – 4*
37. De quel nom l'Apôtre Pierre se faisait-il appelé ? *1 Pierre 5 : 2 – 4*
38. Etait-elle une tâche bénévole que de servir l'Eglise au temps Bibliques des Apôtres ? *1 Pierre 5 : 2 – 4*
39. Quelle était la motivation des Anciens du temps des Apôtres ? *1 Pierre 5 : 2 – 4 «*

40. Qui est-il considéré "Souverain Berger" de l'Eglise ? *1 Pierre 5 : 2 – 4*
41. Qu'avait opéré Christ autrefois avant la destruction du monde antédiluvien de Noé ? *1 Pierre 3 : 18 – 20*
42. Que prédit la Bible sur l'action du Christ qu'en à cette fin actuelle du monde ? *Daniel 12 : 1*
43. La Bible mentionne-t-elle le sacre de femmes au titre de Pasteur dans l'Eglise ? *1 Timothée 2 : 9 – 15*
44. Pour quoi la Bible parle-t-elle du don de Pasteur alors qu'il n'en existe aucune personne qui s'en fut nommée ainsi individuellement ? *Matthieu 23 : 1 – 11*
45. Qu'est-ce qu'avoir le don de Pasteur au sens Biblique du terme ? *Actes 20 : 28 – 35*
46. A quelle personne était employé le terme Pasteur dans toutes les lettres des Apôtres ? *Actes 20 : 28 - 35*
47. Les Hommes peuvent-ils être appelés individuellement du titre de Pasteur à l'exemple de Jésus ? *Matthieu 23 : 1 – 11*
48. Combien de dons de ministère de la parole, Dieu donna-t-il à son Eglise ? *1 Corinthiens 12 : 18 – 31*

L'ORDONNANCE BIBLIQUE ORGANISANT LE CULTE, OPPOSEE A L'ACTUEL CLERICALISME MONDAIN

49. « Que faire donc, frères ? *1 Corinthiens 14 : 26*
50. Quelle est la consigne de l'Apôtre Paul pour l'exercice du don de langue dans l'Eglise ? *1 Corinthiens 14 : 27*
51. Selon la Bible le don de langue et la prophétie, concernent respectivement quelle catégorie de personnes ? *1 Corinthiens 14 : 27*
52. Quelles sont les fausses conceptions de l'exercice du don de langue dans les Eglise contemporaines : *1 Corinthiens 14 : 2*
53. Dans quelles conditions ne pas parler en langue ? *1 Corinthiens 14 : 28 – 29*
54. Comment devrait-on exercer le don de prophétie dans l'Eglise selon la Bible ? *1 Corinthiens 14 : 31 – 32*
55. S'écarter des saintes consignes du culte, conduirait à quels risques selon Dieu ? *1 Corinthiens 14 : 33 – 34*
56. Les femmes, sœurs chrétiennes ont-elles droit au chapitre dans le culte chrétien ? *1 Corinthiens 14 : 35 – 40*

L'ABANDON DU DECALOGUE LES (DIX COMMANDEMENTS) PAR CES EGLISES *Exode 16 : 28*

57. Mais qu'est-ce qu'une loi ?
58. Qu'appelait-on " Tables de l'alliance" ? *Hébreux 9 : 10*
59. Mais de quelle loi s'agit-il ?
    « Tu n'auras pas d'autres dieux devant ma face. »
60. Comment Dieu parla-t-il à son peuple autrefois ? *Deutéronome 4 : 12*
61. Qu'en est-il alors ? *Actes 7 : 30 - 32*
62. Le Dieu de la Bible peut-il être vu directement par un Homme ? *Exode 33 : 20*

L'OBSERVATION DU DIMANCHE BABYLONIEN, CONTRE LE SABBAT BIBLIQUE DU SAMEDI

63. Dieu avait-il permis à son peuple de reconnaitre son jour de repos, et de communion avec Lui exclusivement ? *Exode 16 : 4 – 5*
64. Combien d'années ont duré les épreuves d'observation du Sabbat par le peuple dans le désert ? *Josué 5 : 6*

65. Au temps d'Ezéchiel quel était le souci de Dieu ? *Ezéchiel 22 : 26*
66. Que dit Dieu à propos des tentatives de changer sa loi ? *Deutéronome 4 : 2*
67. D'où provenait l'origine du culte du dimanche ?
68. Et quel est le rapport direct entre le SOLEIL et le culte du dimanche originaire de Rome ?
69. L'observance du Dimanche comme jour de Sabbat en remplacement du Samedi, ne serait-il pas en lien avec la marque du "666" sur la main ? *Ezéchiel 20 : 10 – 12*

L'ORDONNANCE DU MARIAGE BIBLIQUE

70. Où était-il célébré les mariages chrétiens : Eglise ou famille ? *1 Corinthiens 7 : 36 - 38*
71. Le mariage célébré par les familles obéit-il à un commandement de Dieu ? Lequel ?
72. Que prédit la Bible sur l'abandon de la foi des croyants envers leurs parents à la fin des temps ? *2 Timothée 3 : 1 - 9*
73. Les habitudes vestimentaires surtout celles du genre féminin qui traduit toute la légèreté dans le culte selon lequel les chrétiens devraient rendre à Dieu un culte en toute circonstance. *Deutéronome 22 : 5*
74. L'avarice prononcée contre l'assistance financière envers la propagation de la parole de Dieu. *2 Corinthiens 9 : 5 – 12*
75. L'abandon de la forme de prise de la sainte scène qui était selon les saintes écritures autour d'un repas que partageaient toutes les familles réunies ensembles avec le lavement des pieds, renforçant ainsi la charité entre les Frères chrétiens.
76. *1 Corinthiens 11 : 18 – 22*

CES BATIMENTS APPELES EGLISES

77. Jésus ordonna-t-il la construction de bâtiments appelés églises ? *Esaïe 66 : 1 -2*
78. Où habite l'Esprit de Dieu ? Dans le cœur de l'Homme ou dans ces bâtiment appelées Eglises ? *1 Pierre 2 : 3 - 9*
79. Les cinq dons de ministères de la parole qui sont méconnus de l'Eglise aujourd'hui en raison de l'abomination de la désolation et de l'esprit d'égarement qui aveugle le peuple de Dieu.

TOUT L'ARSENAL FARFELUS DES OBJETS DECORATIF ADJOINTS AU CULTE BABYLONIEN

80. La Croix ou bois ? *Galates 3 : 13 - 14*

DES VETEMENTS SACERDOTAUX

(Accoutrement vestimentaire religieux : La Myrte Episcopale (chapeau des évêques) La Crosse Episcopale (Bâton épiscopal) Les Bagues De Cultes ou de fonctions épiscopales)

81. Jésus recommanda-t-il le port du clergyman ? *Matthieu 23 : 1 – 11*
82. Le calendrier Gréco-romain contribue-t-il ou est-il une obstruction au contraire à la compréhension des saintes écritures ? *Daniel 7 : 25*
83. Des fêtes païennes, peuvent-elles être célébrées au sein de la chrétienté sans conséquences malsaines ?

    Noël

    La pacque
84. L'Assomption de Marie est-elle bibliquement fondée ? *1 Timothée 2 : 15 – 19*

85. L'Ascension de Jésus est-elle une recommandation festive du Christ ou de ces apôtres ? *Actes 1 : 6 – 14*
86. Des chorales mondaines et musiques prétendument chrétiennes, à qui rendent rendent-elle gloire ? Dieu ou elles-mêmes ? *Esaïe 4 : 1*
87. Le pacte des Eglises babyloniennes d'avec les Institutions étatiques séculières de la mondanité diabolique, bientôt à quoi s'attendre? *Actes 4 : 24 – 28*
88. La Simonie est-elle une marque déposée du Diable ? *Actes 8 : 6 – 24*
89. Les pactes sectaires avec les institutions diaboliques : Rose Croix ou Franc Maçonnerie, quels impactes ont-elles sur votre spiritualité ? *Actes 19 : 18 – 20*
90. Le Chemin de croix (Confer l'usage de la cendre et des ossements humains dans le culte diabolique au début du carême Catholique), pour quelle fin ? *1 Corinthiens 4 : 6*
91. La proximité satanique des cimetières catholiques d'avec les lieux de cultes sont-elles à dessein ? *Apocalypse 18 : 11 – 18*
92. Le culte des festivités païennes, appelées célébrations d'anniversaire, qu'en dit la Bible ?
    Dans l'ancienne alliance *Genèse 40 : 16 – 23*
    Dans la nouvelle alliance *Marc 6 : 14 – 29*
93. Pour quels intérêts les mouvements politiques, ce rapprochement-ils des Eglises lucifériennes ? *Malachie 1 : 7, 12*
94. L'Œcuménisme est-elle une volonté Chrismale ?
    PREMIER COMMANDEMENT DE MOISE
    « *Tu n'auras pas d'autres dieux devant ma face.* »
95. L'exigence prohibée de la Dîme et de certains statuts appartenant à l'ancienne alliance, pour quoi les retrouvons-nous encore dans l'Eglise aujourd'hui ?
    LE RETABLISSEMENT DES "LOIS" SACRIFICIELLES : LES ORDONNANCES D'OFFRANDES ET DE DIMES
96. A quoi faisait allusion le terme ordonnance dans l'ancienne alliance ? *Hébreux 9 : 1, 10*
97. . Les usages donc du sang de l'animal dans l'ancienne alliance
98. **La Bible dit-elle que le sang purifiait les objets au même titre que des personnes ?** *Hébreux 9 : 22*
99. **Pourquoi était-il important de le faire ?** *Hébreux 9 : 23*
100. « *De quel pire châtiment pensez-vous que sera jugé digne celui qui aura foulé aux pieds le Fils de Dieu, qui aura tenu pour profane le sang de l'alliance, par lequel il a été sanctifié, et qui aura outragé l'Esprit de la grâce ?* » Hébreux 10 : 29.
    RETABLISSEMENT DES LOIS SACRIFICIELLES "DIMES" ET PROFANATION DU SANG DE CHRIST TEL LE PECHE DE BALAAM
101. **A quels faux prophètes est-il fait allusion dans ce passage ?** *Jude1 : 11*
102. De quel salaire parlant du prophète Balaam est-il fait évocation dans ce passage ? *Deutéronome 23.4*
103. Dieu a-t-il écouté Balaam ? *Deutéronome 23 : 5 - 6*
104. Mais comment cela se fera-t-il cet abandon de la foi chrétienne là ? *2 Pierre 2 : 2*
105. Quel sera le motif de leur abandon de la foi ? *2 Pierre 2 : 2-3*
106. Quel mobile usent-ils pour extorquer de l'argent selon les saintes écritures ? *1 Pierre 1 : 18*

107. Comment Paul en parle-t-il autrement ? *Romains 12 : 1 – 35*
108. D'où viendront ceux qui détourneront le peuple de Dieu de la vérité ? *Jude1 : 14*
109. Comment parle-t-on de la dime qu'ils vont se mettre à extorquer aux chrétiens ?
110. *Jude1 : 11*
111. Après avoir voulu maudire les chrétiens par l'extorsion de la dime, comment la Bible les appelle-t-elle ces Eglises-là? *2 Pierre 2 :14*
112. Comment empruntent-ils la voie de Balaam ? *2 Pierre 2 :15*
113. **Comment suivent-ils le chemin de Balaam ?** *Malachie 3 : 8*
114. Ils disent apportez à la maison du trésor, mais existe-telle toujours cette maison ? *Malachie 3 : 10*
115. **Qu'a prophétisez Jésus sur le temple de Jérusalem ?** *Luc 21 : 6*
116. **Où Jésus préconisa-t-il le lieu de culte chrétien ?** *Jean 4 : 21-24*
117. **Citant le faux prophète Balaam ces prétendus chrétiens maudissent le peuple. Comment ?** *2 Pierre 2 :16*
118. Comment la Bible les qualifie-t-elle encore ? *2 Pierre 2 :17*
119. Ces faux prophètes sont caractéristiques de quoi ? *2 Pierre 2 : 1,3*
120. Comment la Bible évoque-t-elle la considération de Jésus sur l'argent ? *Luc 16.9*
121. Comment Jésus qualifie-t-il les richesses passagères ? *Luc 16.11*
122. Alors les biens matériels, en définitif sont considéré être la propriété de qui ? *Luc 16.12*
123. Puis-je exercer mon libre arbitre face aux choix que Dieu ou Satan me propose sur l'usage de l'argent ? *Luc 16.13*
124. Comment étaient les chefs religieux du temps de Jésus face à l'argent ? *Luc 16 :14*
125. Comment actuellement toutes les communautés prétendument chrétiennes, adorent le Diable par la Bête.
126. L'Eglise peut-elle donc appartenir à un pays ou en dépendre pour son autorisation de pratique et d'exercice de sa foi ? *Jean 18 : 36*
127. Combien y a –t-il des dons de ministère de la parole dans l'Eglise de Christ ? *Ephésiens 4 : 7- 19*
128. Les cinq dons de ministères de la parole sont-ils connus des Eglises mondaines ? *Ephésiens 4 : 11 – 12*

CONCLUSION

SOMMAIRE

DANS LA COLECTION DE LA MEME SERIE

DANS LA MEME COLLECTION D'ETUDE BIBLIQUE :

1. LA PLUS LONGUE PROPHETIE DE LA BIBLE ; TITRE I, LE BAPTEME DE JESUS-CHRIST, L'ONCTION DU SAINT DES SAINTS.
2. LA PLUS LONGUE PROPHETIE DE LA BIBLE ; TITRE II, LA PURIFICATION DU SANCTUAIRE, SATAN EST CHASSE HORS DU CIEL.
3. LA FIN DU MONDE DANS LA BIBLE ET LE SIGNE DE LA BETE, LE « 666 ».
4. LE GRAND SIGNE DE LA BETE, LE « 666 » REVELE.
5. COMMENT LES HOMMES ONT-ILS DEJA PRIS LE « 666 » LE SIGNE DE LA BETE SUR LE FRONT ?
6. COMMENT LES HOMMES ONT-ILS DEJA PRIS LE « 666 » LE SIGNE DE LA BETE SUR LA MAIN ?
7. LES DIX COMMANDEMENTS DE DIEU ET LE SALUT EN JESUS-CHRIST.
8. LA DIME, LE PECHE DE JUDAS DANS L'EGLISE CONTEMPORAINE APOSTASIEE.
9. QUELS SONT LES AUTRES SIGNES DE LA BETE ?
10. LE FONCTIONNEMENT DE L'EGLISE APOSTAT.
11. LE PARADIS ET L'ESPERANCE CHRETIENNE.
12. L'EGLISE, LES CHRETIENS.
13. QUI EST LE VRAI DIEU ?
14. IL YA UN SEUL DIEU !
15. IL YA UN SEUL SEIGNEUR !
16. IL YA UN SEUL ESPRIT !
17. IL YA UNE SEULE FOI !
18. IL YA UNE SEULE ESPERANCE !
19. IL YA UN SEUL CORPS !
20. IL YA UN SEUL BAPTEME !
21. LE SCEAU DE DIEU DANS L'APOCALYPSE.
22. LE SCEAU DU DIABLE DANS L'APOCALYPSE.
23. LE JOUR OU LE VATICAN, LA GRANDE PROSTITUEE, LA MERE DES IMPUDIQUES SERA DETRUITE.
24. VOICI LE GRAND SIGNE DE LA FIN DES TEMPS, ET DU RETOUR DE JESUS-CHRIST.
25. LE MOUVEMENT ISLAMIQUE DECRIT DANS LE LIVRE DE L'APOCALYPSE.
26. LA DERNIERE EGLISE, LES 144 000, LE RETOUR DU SEIGNEUR JESUS-CHRIST, ET L'ETERNITE.
27. VINGT ET SEPTIEME ECRITURE : LE TEMOIGNAGE. VIE ET TEMOIGNAGES CHRETIENS !

I want morebooks!

Buy your books fast and straightforward online - at one of world's fastest growing online book stores! Environmentally sound due to Print-on-Demand technologies.

Buy your books online at
www.morebooks.shop

Achetez vos livres en ligne, vite et bien, sur l'une des librairies en ligne les plus performantes au monde!
En protégeant nos ressources et notre environnement grâce à l'impression à la demande.

La librairie en ligne pour acheter plus vite
www.morebooks.shop

KS OmniScriptum Publishing
Brivibas gatve 197
LV-1039 Riga, Latvia
Telefax: +371 686 204 55

info@omniscriptum.com
www.omniscriptum.com

Printed by Books on Demand GmbH, Norderstedt / Germany